U0164542

香港蓄婢問題（一九二三）

本書正誤表

▲請 閱者先改後讀

第幾頁	上／下	第幾行	原文	誤印
叙言一	上		原文	誤印
目錄一	上	十	兢褐傳	亦褐傳
三	下	十一	辦誤	同上
四	上	八	同上	同上
四	下	七	防範	防節
五	上	十	干治牧師	狀師
七	下	十四	迷惑	迷惑
八	上	十八	英國下議院	藏出
九	下	十二	藉此	漏此字
十	上	九	遠禁著何	倒置
十	下	十八	綠父母	多一父字
十	上	十二	或被	成被
十	下	十八	窈穢	穿穢
十	上	八	烏可	烏可
十	下	十四	賣女者	女苦
十九	上	十六	自顧的	漏的字
十九	上	十四	外埠者	埠音
十九	上	十四	立言	章音

香港蓄婢問題正誤表

第幾頁	上／下	第幾行	原文	誤印
十一	上	五	是否二者	漏著字
十一	下	一	不問婢	不問
十一	下	二	而劉子	漏子字
十一	下	六	偶見	多子字
十一	下	八	以字上	顛倒
十一	下	一	顛倒	顛倒
十二	上	九	此種	比種
十二	上	十五	議事	議于
十三	上	六	常件	事件
十三	下	一	是引起	漏引字
十三	下	七	各抒	各舒
十四	上	十	蓄道德	有道之
十四	下	四	者乎	者乱
十五	上	二	背義理否	我見漏否
十五	上	九	不得已	不得不
十五	下	十二	其間	其間
十五	下	四	所謂	所謂
十六	上	二	遜弟	遜弟
十六	上	九	國君	國君
十六	上	二	管束	管束
十六	上	四	反背	反背
十六	上	三	鄙人拜	鄙，拜

香港蓄婢問題正誤表

頁	上/下	行	誤	正
十六	上	十六	陌召	倒置
十八	下	七	斷章	聯章
十九	下	十八	不平子	下平
二十	上	廿二	資敵	倒置
廿一	上	十七	同上	亦未
廿二	下	八	不可謂為	漏如字
廿三	上	十二	又如是	漏即
廿四	下	四	始可令	回婢家
廿五	上	八	見反對	漏令
廿八	下	十六	賣槳	漏反
廿九	上	廿四	辯護	回主家
三十	下	十八	以為不是	備值之、
三一	下	一	就若醫之	漏不
三二	上	一	各當	就著
	下	廿四	研究	男當
	下	四	一輒	研立
	下	五	調劑	止之／調濟

頁	上/下	行	誤	正
三二	上	十	勞働	勞働
三三	上	八	菜備妾	備妻
	下	二	富人妻	人妾
三四	下	二	先我詰駁	又我
三四	上	三	英廷	英庭
	上	七	增其患	增共
三五	上	一	高樓	商樓
	上	五	訶其頭	謂共頭
		三	既不應	既忍
		七	晚不應	晚忍
		六	叫其頭	揭其頭
三六	上	五	欲望分離	得輩
		九	押與車	後其同意
		三	設法阻	連到
		九	遂到目的的	明伯恒
		二	胡伯恒	溺奴
		十九	溺女	假恩
		十二	不假思索	加八
		十三	可為加惠	何為
			食貧	養貧

二

香港蓄婢問題正誤表

頁	上下	行	誤	正
三七	下	十六	盡賣所有	盡賣所有
		十九	齊其末	瘵其
		二十	遠一生	迅一生
三八	上	廿一	或藉此	藉以
		三	道之本	遘之本
三八	下	七	齊其末	瘵其
		十三	評論之	評論
三九	上	十五	必須推及	多一粗字
		十二	果否訴合	訴合
		四	反間我	反間我
三九	下	七	烏乎可	嗚乎
		十九	誠可異	誠可
四十	上	一	公然主張	公為主張
		十五	所許可	所許可
四十	下	十一	若改造	著改造
		十五	笋怒發	恕發
四一	上	十一	霞蔚	震蔚
四一	下	十九	藥其職業	漏職字
		十五	職業時間	多一服字
		十	事業于全	漏一業字
		十九	脫穎而出	破穎
			麻木不仁	不亡
四二	上	十五	謂其不應	多一字
		十六	鄙夷	評夷
四二	下	十七	徒知掩飾	提飾
		廿二	生成則己	而己
四三	上	十四	盡厭天職	大職
		十六	彼用何等	彼何等
		十七	用何種	甲何種
		十六	無庸他人	無虐他人
		二十	知其非義	蓄其非義
四三	下	八	未必爾爾	夫彼
		六	斯速已耳	斯即己知
四四	下	十三	竟唾棄	睡棄
		十四	對待	倒置
		十七	誰言公理	合言
		十七	破除成見	漏成字
		十二	吾故曰	漏日字
四四	下	廿	透澈	透澈
		十七	秦鏡	陳銳
		十六	高懸	漏懸字
		二	居多數	少數
		五	謹爲答復	獨爲答復

三

香港蓄婢問題正誤表

四

香港蓄婢問題正誤表

頁	上下	行	誤	正
六三	上	十五	同上	同上
		一	同上	同上
		八	大柴殿	大柴摑
	下	七	鳴呼	嗚呼
		五	目瞥	目的
		二	每月儘	每月准
六二	上	二十	割却心肝	必肝
		六	劈柴	兒肥
		十三	嫡兒湝	剁柴
		十	剝柴	淡盂
		九	勤輒滋	買東西
		七	幸豐紋	動鞭
		一	買糖飴	幸豐餘
		八	倒痰淒	倒設
	下	五	是安危	是耶非
		三	古今稀	古今微
		一	亦極疲	亦被袪
		一	關遊牌	閼透機
		廿一	潛然灶下	潛然
			念阿彌	呵彌
			無日嬉	無日舒
			英廷	英庭
			卷議	卷議

頁	上下	行	誤	正
六四	下	廿二	署近嬈疑	署近
	上	一	裹時有病	靉時
		五	眞正冇引	眞正冇引
六五	下	十九	蘭艾同熳	蘭艾同焙
六六	下	一	揸質古板	揸質古板
		五	球遠	球遠
六七	上	一	力來鋤	力來糊
	下	十八	與及水長	與及字
六八	下	十一	做工定有	做工字
		廿一	明呀世道	明呀朋呀
六九	上	四	買嚟	賣嚟
		廿二	存懶懸	懶忍
七十	下	五	狠毒到	狠世到
		二	人話虫蟻	蚍蟻
		十九	外邦牲畜	牲畜
七一	上	十八	若遠苛待	芦遠
	下	十九	辜負	孤負
	上	十	今日忙，一呼，一呼，者	令日
		十六	一呼，者	洗淨。若
		十七	洗淨。比	洗淨。

香港蓄婢問題正誤表

頁	上/下	行	誤	正
七二	上	十八	將人比	將人。
七二	上	十九	整定，	整定忙
七二	下	十四	正盲左	盲左
七三	上	二	心亦不忍	上忍 多一忍
七三	上	八	枉付放生	擾冠
七四	上	五	櫻冠	擾冠
七四	上	十五	假作吹蓓	吹篶
七四	下	七	天理心存	心理 上復
七四	下	三	社會不復	通氣
七五	下	九	通窒	含氣
七五	下	五	含蓄	買妹
七五	下	六	買奴	應田
七五	下	十四	應由	謂行
七六	下	七	毀行多露	朱字家訓
七六	下	九	朱子家訓	變看。
七六	下	二	變者為。勿	多婦。為
七六	下	〇	多婦。勿	婆心勿
七六	下	一	婆心〇	齊整
七六	下	十一	齊整	証列位
七六	下	十七	請列位	看想
七六	下	十	細心着想	出買
七六	下	二十	將女出賣	出買

六

頁	上/下	行	誤	正
七七	上	十二	靈於各報	漏各字
七八	下	九	關懷養婢	關事養婢
七八	上	一	即是主人	即男主人
七九	下	二	不用逐層	着層
七九	上	二	着屚	記言買
七九	上	一	託言買	有宛婢
七九	上	二	有以婢	常勤其
七九	下	五	父母有錢	父母勤其
八十	下	十五	保存名譽	恆存名譽
八十	下	十六	或往別處	往列處
八一	上	八	亦沾潤	亦沾潤
八一	下	三	侍奉父兄	奉侍女兄
八二	下	五	合而為一	為一
八二	上	一	多數未淫	朱養
八三	下	八	樂市大人	漏人字
八三	上	四	如不買	如果買
八三	上	八	今日華人	告人
八四	下	十	蓋有相因	漏因字
八四	上	四	同認此	中國之有
八四	下	六	與無耶	多下日字 多一無字
八四	上	七	本港日	本港例

香港蓄婢問題正誤表

頁・位	行	誤	正
八五上	九	足俾中國	足卑中國
八六上	十九	買婢女	買一婢字
八七下	十八	禁絕買賣	禁絕賣賣
八七下	十七	擔任瞻養	瞻養
八七	十一	耶敎	耶穌
九十下	十四	何主	伍主
九十上	十八	八號之上漏一九廿一年八月	漏一九廿一年八月
九一下	二十	敎會中人	多育字
九一上	八	公推	公擩
九二下	二十	籌辦成立	局辦理
九二上	十三	十五號之上漏八月廿二字	漏八月廿二字
九二	二	撻記	捷記
九三下	三	安德臣	晏德臣
九三	十四	開臨時	多一會字
九三上	二十	婢令	倒置
九三	四二	星期二之上漏八月十九號	漏八月十九號
九三	二二	必須有力	漏有字
九三上	十	留心此事	留必此事
		廷令	庭令
		以故	五故
		公正報章	公正報覺

頁・位	行	誤	正
九四上	十五	任工	婢作工 按粵語
九五下	十二	昇街	昇衙
九五	十三	入歲買	八歲買
九六下	十二	或職員	或卽員
九七上	十六	此反對	此友對
九七		實屬不言	實屬不然
九八下	廿二	陽歷之上漏一九二三年	漏一九二三年
九八上	廿二	會社商量	漏社字
九九下	十四	港中政府宣佈	漏政字
九九	十二	茂林宣佈	漏宣字
一百上	廿三	無，爲命葉，爲命	漏論字
一〇一下	十七	大抵由	所抵由
一〇一上	十二	以爲無蔡	漏無字
		然即吾國	漏吾國
一〇二下	十六	替代僱工	漏工字
一〇二	十五	一勞永逸	一勞永逸
一〇二上	十二	今朗電信	今別電信
		提出討論	漏論字
一〇三下	廿一	惟因	漏二月兩字
一〇三	廿二	昨二月十	漏二月兩字
一〇三上	十六	及蓄婢者	披粵語
		按粵語	

七

香港蓄婢問題目錄

叙言

天下最慘無人道者。。莫如蓄婢制。。而天下最極無人格者。。
莫如奴婢身。。故文明之國。。必禁買賣奴婢。。所以重人道而
崇人格也。。我國之有婢制。。由來已久。。雖主張優待奴婢之
說者。。代有其人。。實行寬待奴婢之法者。。嘗聞其事。。惟提
倡放婢者。。自基督教傳入以來。。無論信教與否。。均有鄙夷
蓄婢之事。。視爲不合人道矣。。足見惻隱之心。。人皆有之。。
道德之進化。。於斯益有徵矣。。及去歲七月三十號。。在太平
戲院開全港居民大叙會。。研究華人蓄婢問題。。一時主張虐
婢維持者有之。。極力反對蓄婢者有之。。而維持會與反對會
。。遂同時並時於香江。。雙方言論。。亦徧傳於五洲。。亦後世

香港蓄婢問題

香港蓄婢問題（一九二三）

一

二

歷史上一大紀念事也。然使當日人人趨附維持之說。則本港與羊城禁婢之令。不知下於何日矣。幸而人心醒悟。趨重人道人格。贊助反對蓄婢者。紛紛入會。演說反對蓄婢者。各會社備極歡迎。而反對蓄婢會於以成立。而省港政府禁婢令於以執行。而維持反對兩會於是有融洽以籌善後之希望。此誠中華國民放婢之大紀念也。本會同人僉議留此紀念品於後世。特將本會徵求蓄婢論說歌謠。及報載新聞言論。集成一册。顏曰(香江蓄婢問題)。所以垂紀念也。編者以余爲反對蓄婢一分子。於付印時。命爲之叙。因書此以應。不敢以不文辭也。

一九二三年九月一號 麥梅生

◉輿論第一

反對蓄婢

區德周

嗚呼。毒霧漫天。狂濤捲地。上下四千年。日處於顛沛流離之域。黑暗迷惘之場。而對於婢女乎。其惟我中華之婢女乎。前清末葉。曾下放奴令矣。而對於婢女寂然也。悲乎痛哉。國體共和。人類平等。而對於婢女淑然也。狗彘之飲食。惟婢女甘之。娼妓之污辱。惟婢女受之。等性命於螻蟻。充賤役如馬牛。婢乎婢乎。民之無告孰甚於斯乎。而忽也霹靂一聲。如晴天旱雷。思舉我國數千年婢制。轟而去之者。厥有英國下議院。英京下議院。提議質問我華人蓄婢問題五條。雖對於我華人蓄婢情形。不實不盡。然路遠言略。其間不無傳聞異詞。斥譭過當者。要不得指為訴病。絕對否認。使一線曙光。為濃霧浮雲。重疊障翳也。夫國家種政。我不能知者。他人為我言之。我不能去者。他人為我謀之。將所謂大禹拜昌言。子路人告以過則喜者。質問華人蓄婢問題發現。凡我華人。當如何懷忻鼓舞。乘此時機實行解決蓄婢女。由香港而內地。而全國。之偉業。不是過也。而奈何二三富紳。強奸民意。逐令林肯以並無其事。答覆英廷。使良政美舉。如泡影。如電光。倏爾銷滅。不有反對蓄婢會。以繩其後哀彼彼婢女。

亦萬劫不復哉。大理不辯則不明。道不研則不精。彼留存婢制諸公。總疑問詰難。亦自謂合法理。順人情。非群細討論反覆指導。無以杜其口而服其心。鄙人之為此文。亦冀為一般保持婢制者。作萬杵曉鐘。發覺其靈魂而已。彼苛虐婢女者。縱稽國法。難漏冥誅。吾不屑教誨焉。獨惜寬下極刑絕人道。為人類所不齒。為天理所不容。尚以為吾崇尚人道。周郵貧民。足為留存婢待婢女者。而不知此二十世紀。實無婢制存在之餘地也。請為諸公申言之。

一道德問題。（甲）養成驕縱。蓄婢之家。多中人產。起居服食。概弗躬親。頤指氣使。成為習慣。而其見女亦目染耳濡。動輒需人。驕縱遂為天性炎。（乙）養成淫穢。鋪床疊被。奉巵沃盥。婢女之職也。由近生褻。遂為富家之常嗜品。待其甚者。父子聚麀。僕婢和奸。報章喧傳。社會騰笑焉。

一利權問題。蓄婢之具權利思想者。可分兩種。（甲）雇任僕婦。工價日昂。若婢女則百十身價。可役使十餘年。長成遣嫁。又可得問本息。（乙）以糟豬花手段。廣廔幼女。飲之食之。教之誨之。媵於富家。可獲厚利。斯二者亦計之得也。然近者自由心理日張。誘奸手腕日熟

○而婢女中其毒者。較常人為尤易。故誘拐私逃之案。層見疊出。其強悍者。且投訴警局。自請擇配。是不惟無利可圖。行將無本可歸也。

一法律問題　民國法律禁止買賣人口。即為禁止蓄婢之見端。而狡猾者易其名為育女。冀與法律不相背觸。不知私逃乞獲。取贖輕輒公庭法律。無勝利之可言。則何如僱用僮僕。簡捷了常乎。

一時勢問題　比來女權發達。一日千里。自由平等。成口頭禪。而婢女之暴戾匪態。非復昔日可任意鞭笞殴辱。放縱之。則私逃之事現於前。嚴束之。則苦虐之罰繩於後。豁然解放哉。為主人者。與其他忙促促。低首下心。何如循是以觀。為道德計。為利權計。為法律時勢計。婢之不宜蓄。不待智者而知矣。

或曰。港中士紳。對於婢制。一主緩禁。一主速禁。婢之殊途而同歸耳。吾則面斥之曰。緩禁者。留存婢制之假面具也。彼明知女子解放風潮。日趨澎湃。婢制之難圖存在也。已可想見。不得已藉搪塞。冀殘喘之苟延耳。

或又曰。貧家鬻女。以其能賣為人婢耳。否則溺女惡習。將再見於今日。同是人道主義。奈何顧此失彼乎。吾則曰。豢養兒女。又另一問題。為父母者。雖窮無立錐。斷無預斃女兒。為他人作婢之理。實不得已而鬻耳。

試問百十身價。果足償其養育之費乎。但能提倡女子職業。則貧女不憂無噉飯處也。此則鄙人贊成逃禁之旨也。

然則逃若禁何。曰。除有父母者。概令領回外。餘則成年者為之擇配。幼稚者教以工藝。如斯而已。昔陳六葵設女子教養院於廣州。收容婢女。成效卓著。善政中報。邦人惜之。今宜帥仿其意。而多置織布織機笠衫毛巾各樣。敎以藝事。并賃送各大工廠。使之自食其力。是又無庙震驚於經費莫酬。而為貧難之口實也已。

嗟夫物必自腐而後蟲生之。彼英京下議院。登漫無所開。而好為多事哉。猶有以指陳虐婢慘狀。為增加華人恥辱者。是何異諱疾忌醫。以高肓為樂哉。是所望於反對蓄婢會諸君。為之婉轉解釋。重見天日。實行共和圖所謂自由平等者。東方有林肯。含諸公而誰屬哉。

促以進行。俾一般婢女。重見天日。實行共和圖所謂自由平等者。東方有林肯。含諸公而誰屬哉。

● 輿論第二

禁婢議　　靖康樵公

婢者何。女之卑也。卑之云者。有讓以自卑。如曲禮世婦以下。自稱婢子。是也。有自卑請求。如秦穆夫人曰。諸侯管君朝以入。婢子夕以死。是也。有抵罪者。周禮秩官司厲注。今之爲奴婢者。古之罪人。如緦縗上書。願入官爲婢。以贖父罪。是也。有爲女樂者。齊人歸女樂。孔子去魯。桓子啞然歡曰。夫子罪我。以羣婢故。是也。有爲境遇所困。緣父父母因貧而賣。成被誘畧發賣。不使與人類平等者。此卑而且賤者。是也。而今之爲婢者。固非如世婦夫人官婢女樂等。乃女子極不幸而至於此也。○吾蘭先言婢之地位與遭遇。

地位云者。有關身契坐地契之異。開身者。開除本身所有權利。生死任之主人。父母不得相見。轉賣爲妓爲妾。唯主人之命是從也。坐地者。雖其備價收贖。父母到訪給盤費。遣嫁爲妻妾。猶通知父母也。而開身契者。大多誘拐畧賣。坐地契者。大多父母知情。有被債主迫挾者。有因貧謀活者。賣之則出嫁可免此弊。數年後可復聚也。寧不返之累。○資明補回薑醋乳金。以規避買賣人口更有所謂送帖者。志在欺人。實則檳榔花。作鴉頭。之禁例。●醜稱育女。

充妾侍。視其所持事業。所抱宗旨而定。如其爲搖母之流。所買之育女。日則命其就讀。夜則敎其彈唱。年來破爪。已搖鎖樹。此之謂槽猪花。如其爲貧鄙之家。圖以幾十銀圓。而買數齡幼女。爲其性鈍。遣往他家作役。所獲工資。多於買價數倍。年齒漸長。亦博厚資。使其學唱。其或性黠姿麗。則視爲奇貨可居。供其讀書。○此高索身價。許爲側室。以少數之本。博多數之利。夫陷身於河下。固百剗而不可復返。即投身於偏房。所領家資。亦兩世而不能平等。○嫡庶之分旣嚴。所謂鴉頭妾侍。任彼操縱。即以人爲貨者也。其地位卑至是。則自由平權幸福。已剝奪之限有定。無餘矣。

遭遇云者。有苛待善遇。及尋常看待之不同。而其不得自由則一也。其遭看善待者。不得謂之虐。亦不得謂之優。買之爲婢。供其使役。是其主旨。惟衣則舊陋。食則粗糲。寢則席地。役則無時。操作無乖。固意許而顏霧。服役偶奸。雖非婆心。亦乏旁貸之望。然夜眠蚤起。已無休憇。即呵責而嚴懲。任重操勞。亦云不得主人歡者。則轉賣他家。此最可憐者。以一人之身室。此固尋常待婢之情形也。而偶邀主人喜者。則立爲偏而供數人之役。一人之巧。難合數人之心。或男主善視

女主惡。誰代調停。或家主懦而少主兇。央嚲經頰。雖順承委曲。難中其心。指摘橫加。無從訴苦。時而老主包之為妾。亦承意而不敢推辭。雖則少主曾強其從姦。猶忍辱而不敢洩漏。更有主人弟姪。視婢可狎。調戲也固敢怒而不敢言。強污之亦欲卻而不能拒。人生若此。畜類不如矣。其不幸而遭逢主人苛待。日則侍立主婦身旁。非裝煙則打扇。非捶骨則捧茶。足繭身勞。莫逢體卹。夜則候門不睡。專待主人宵宴歸來。誰憐婢子困頓。魚更四躍。蝶夢頻縈。天色未明。奴身即起。攤地抹桌。拭窗窊茶。藥洗備餐。固忙苟不了。主人既起。即立牀前。獻酒進饌。每虞不周。唯恐不謹。即侍檯側。獻茗奉匜。所最懍者。主人呼喝無常。婢子接應不暇。唯諾稱綏。則呵其稽遲。對答不清。則斥其含混。婢辛苦既無可訴。刑罰又無逃。或繩立牀柱前。或救。鬭跪局盂蓋。難說寬饒。或施籐鞭。不許哭泣。或絕粒食。偽須任勞。更有以爛布塞口。沸身以水澆背。敲大棍而斷骨。堂高廉遠。外人干涉無由。苟法嚴刑。政府知情甚少。所謂防範虐婢者。實空言無補也。其或賣之於烟花寨中。則百般恐嚇。官前質問。亦須自認甘心。或嫁之為老人副室。則一世含冤。父母剴來。亦難自由歔待。此中虐遇之情形。恐累牘連篇。亦

不能描寫其萬一也。間或倖逢善過者。衣以時裝。食饜甘美。出則與夫異之。入則小婢事之。私蓄顏豐。服勞亦少。不可謂非幸事矣。然時屆及笄。只堪充富室之下陳。不願作達人之正室。即或遇中賣者之齷齪。欲妾之以續鸞膠。亦大都如袁所云。婢學夫人。舉止羞澀。彼終不似真。吾嘗見一善主人。欲以婢配儒士為繼室者。亦嫌鄉村寂寞。不似城市繁華。寧為老婢。不作夫人。使其未經作婢時。仍屬貧女。得耦士子。必不勝雀躍矣。乃一入富門。即生傲性。不以為羞。不以為辱。豈非尤可憫乎。由此觀之。女子一經被賣。稍知人道主義者。可不出而提倡禁革乎。吾試言蓄婢宜禁之理由七。其慘苦景況如此。殊覺蓄婢宜禁之理由七。

(一)撥引舊例之宜禁　爽攷清代之律。畧賣子孫為奴婢者。杖八十。徒二年。和賣者減一等。未賣者較已賣者減一等。按子孫而曰畧賣者。是子孫非甘顧也。故罪大。和賣者。已得子孫而曰同意。猶為有罪。是賣人實犯法律之也。再攷其例則曰。凡誘拐婦人子女。或典賣。或為妻也。擬綾監候。為從杖一百。流三千里。若以藥餌及一切邪蓱迷拐幼小子女。(即今蠱家)誘取婦人子女。藏匿勒充軍。凡畧賣開窯。不分良人奴婢。已賣未賣。審係開窯實情。賣事發生。

為首照光棍例。擬斬立決。為從改發雲貴兩廣烟瘴地方充軍。與販婦人子女。轉賣與他人為奴婢者。杖一百。流三千里。此嚴禁賣人之證也。而不及買人。今民國憲法雖未成。仍可援引前例。獨惜祇禁買人。致滋流弊耳。然不有賣。何有買。則禁買可於言外見之矣。此援引律例之宜禁也。

（二）欲端風俗之宜禁　我國改元而後。變專制為共和。人民已復回平等地位。而女子為國民之一。烏可私買女子為婢。以剝奪其平等乎。而買斷其終身之苦力乎。夫女子為國民之母。乃闔門起化之原。女俗良。則社會風俗隨之而改良。烏可不注意於此。女俗良。則社會風俗隨之而改良。女俗薄。則社會風俗隨之而改之而澆薄。固相乘而至。家務勞苦賤工。委其妻任之。男則終日安坐。吸烟飲酒。試觀緬甸國俗。其賤視女子如此。卒至於滅亡。又觀突厥波斯埃及亞喇伯諸國。視女人為娛樂玩弄之具。有力之戶。婆妾盈前。奴婢充室。非洲為販奴總滙之區。絕無人道。人民多畜妻妾。女俗尤澆瀉。其輕視女子如此。而其國或敗亡或貧弱。使得平等自由權利。絕無蓄婢之國。優待女子。亦無賣婢之陋習。其國之富強也如此。讀女俗通攷一書。則可知其關係於社會風俗也其大矣。蓋蓄婢之風盛。則納妾之人多。淫慾之念。由此而

愈熾。生育之數。由此而金減。壽命緣此而損。耗費緣此而增。國家欲不貧且弱者。安可得乎。此蓄婢之惡習不可不禁也明矣。

（三）欲培子女之宜禁　自勞働神聖之眞理發明而後。男女皆須操作。不宜過於逸樂也。故為家民者。家庭細務常子女分任。不可悉委之於僕婢。遂成游手好閒之廢民而已。子女大都以家務為不屑經理。甚而一己之服御。亦盡付之於婢。即如著衣穿襪。洗面梳頭之小事。亦呼奴差婢為之。以致不能自謀其營貴。是適以長其傲耳。其微論其不幸而困。固不能謀生於世界。即幸而處享。亦不能服務於人羣。遂成游手好閒之廢民而已。欲栽培子女為有用之國民者。烏可不注意於斯。而蓄婢亲禁亲乎。

（四）欲福子孫之宜禁　天道好還之理。人所深信。今幸為富豪。能保其後長處富貴乎。他人因窮而賣女。能保子孫守貧而不賣女乎。試捫心思。我願兒女為人婢否。我願子孫之兒女受虐為婢而不賣女乎。吾敢謂買婢而不絕其終難保其子孫不為人婢也。他日子孫雖窮。苟為兒孫計。當痛為禁革人。無異造平等自由之幸福於後裔也。

（五）欲免煩惱之宜禁　世之頭腦單簡者。祇知有婢盡通為人生之豔福。於是不惜金錢。羅致數輩。為門庭之

七

生色。絕不思婢子生於貧苦之家。及買入人家中。又不施以調誨。其人既愚。則所作之工。必不能盡如人意。己不免尋瑕而摘隙。而當其指摘錯誤之時。始則發怒。繼則詈罵。終則鞭撲。其剛伏者。猶忍氣吞聲。其頑梗者。必反唇相稽。試問遭此。能無頠憛乎。此自招煩惱者一。設因其強辯而鞭之。彼或相機而竄逃。不免多方搜尋。或懸紅而追訪。登非顧瑣乎。其煩惱二。間或含怨而獻讒。讒樑而自盡。人命所關。必須報案。又不免受輪於法庭矣。其煩惱三。常其顏顇之際。或受傷而被差弁知覺。科以相當之詞。或頓桎之下。而施虐者亦不諒乎。其煩惱四。總而言之。是自尋煩惱也。是受虐者固懷恨無己時。縱不出而干涉。亦必諉以苛待。可不面爲禁革乎。

（六）干犯港例之宜禁　文明各國。久已禁絕買婢。英國爲文明國之一。凡所屬之地。俱不准買賣人口。我國人之僑港者。明知故買女爲婢。是爲犯法之人。乃又恐政府知情究罰。而令賣女苦寫送帖。偽稱養女。是欺騙政府也。既稱養女。而不與所生之女同等待遇。是自欺良心也。其不如意者。則轉賣之爲妓爲妾。是忍心害理也。人甚至於犯法昧良殘忍。尚得謂之人乎。欲不使犯居留地政府之律法者。安可不而禁乎。

（七）欲顧國體之宜禁　處此大同之世。斷不容有一國之獨異。我國民不欲祖國與列強同等則己。如其欲之。斷不能日倡保留婢制。而可望他人承認我爲文明國也。蓋文明國無蓄婢之制度。惟野蠻國則有之耳。然我國因一般蓄婢之習尚。是玷辱國家之體面。不有國民之資格。由蓄婢者所累。尚得謂爲有國民之資格乎。此不可不禁之也。

準斯以談。則禁婢之說。已有充分之理由矣。彼僞言買婢爲周人之急。嫁婆獲享福之由者。是欺人之談。又謂貧人亦有賣女爲妓爲妾者。何止蓄婢之家爲然。是飾過之語。皆自居何等地位乎。然禁婢誠普通人所資問。禁之法。常如何進行乎。苟洞悉大義。視爲不合人道。而甘願釋之。宜即邀集二三人。當前談券。召其父母親屬。偏價收贖。如不收贖。儕諸僱役。給以工錢。其不能服務者。則襲之至作工時。三數年後。作身價程贖之質值。即恢復其自由身。許予工資。或認真作爲已女。與所生者享同等待遇。不作偏房。此自願的之辦法也。（二）干涉的。組合全港贊成禁婢者。名上書港政府及英京政府。請顧嚴禁買婢。其求買者禁絕之。已買者取締之。使一律注册。不准轉賣。祇准釋放。其詭稱育女者。不許作皮肉生涯。混充歌妓。及嫁

八

之年。亦須報册。使成正式婚姻。其幼年買入者。限期解放。及既滿限。待以傭工。月給工值。此干涉的之辦法也。(三)善後的。政府既實行干涉主義。則養婢者知利慾不遂。恐遭嚴格取締。必擇其不馴者。頑梗者。疲猾者。不屬者。幼穉者。交之於官。託詞釋放。則當先由政府轉令慈善家。籌集巨欵爲後盾。疲猾者使其改悔。不馴者敎以馴服。頑梗者敎其柔順。其貌醜者。年幼者。又從而施以工讀。使他能作工自養。此善後的辦法也。亦敎其讀書習藝。十年之後。爲他日謀生之路。而手續告竣矣。紹爲婢之陋習。可釐聲絶風清矣。此善後的辦法也。吾敢謂禁婢之後。國民之人格。日臻高尙。國家之名譽。介亦增榮。女子之資格。從此而優美。社會之穢濁從此而混濁。中國文明之程度。將可與其達至最高率。是禁婢之一舉。實無異改造國家社會。改造國民資格。其收效之果。誠無限量。我國同胞。無論居留內地外埠婢。可不及時而爲此禁革蓄婢之善事。以謀全國蕭清婢制。乘吾儕於無窮乎。我同胞其亦起圖之可也。

●輿論第三

（一）揭明「蓄婢會議之否認原因」

禮實會王愛棠牧師

七月三十號，議例局紳紳，發出通告召集旅港僑民，在太平戲院，商議取締華人養婢之舊習，所定題目有六：

一，養婢是否係養育以爲妓女？

二，爲婢者是否爲奴？

三，爲婢者是否供男主人取樂之用，俟男主人厭棄之時，即轉售與他人？

四，養婢之習慣，中國會例禁否？

五，爲婢者其主人是否可任意將其雖爲？

六，其餘關於養婢之內容各事。

此各問題，未開會時，先由主席解說甚詳，及後討論，大抵皆以取締蓄婢，爲理所應宜。不料主席付表決時，則衆皆否認，即贊助取締蓄婢者，亦同聲否認之，於是主席遂宣告五題，全場否認矣。噫！ 全場果否認此五題所言蓄婢之事實哉，其中蓋有術在也。

一則主席立言之巧也，當二點四十五分開會，主席宣告大旨後，即將一至五題詳細演說，指明各題所言之失宜：如養婢非養爲妓；婢與奴不同類；婢非供人取樂

之用；婢不可任意難爲；逐一解說，連篇累牘，使發此五問者，無可置辯。至四點正鐘，然後演畢，所費時間，一點零十五分。

居全塲議事時間，幾至二分之一。可知常時主席，已將否決之意，瀰注於衆人心目中矣。齊議事章程，主席忌詳論演說，卽剝令同入明白自治須知，亦言主席只須將其事之始末，略令同入明白便了，今乃長篇大論。居全會發言之牛，卽破壞其手訂之議規而不恤，蓋欲以其個人之意，而左右會塲人之意，而政府取締蓄奴之善意，豫於會衆心中，已多數無形打銷矣。此二則問題措詞之狡也。

況主席又言：「港政府，對華人立例之不公；如居其刑方；治理則異其官長；又謂華人常自辦己事；不宜與外人干涉」；此種言語，一以起中西之見；一以生偏護之私。於是逐有偏設婢女救濟會者，而政府取締之私。

余所以謂主席章言之巧者，此其一也。

上錄華紳發出之問題六條而其中一二三五條，乃將題意之內包縮窄，使除是否二字之外，無可爲答者。今試將此四題修訂，俾由比較而知其狡計：（請訂正如下）

一，養婢是否有養育以爲妓女？
二，爲婢者是否與奴相類？
三，爲婢者是否有爲男主人取樂之用，俟男主人厭棄之時，卽轉售他人？

本其良知，而答之曰是否。如其是也？則政府欲取締蓄婢之事，常無異辭，今乃不問有養以爲妓女否，而偏問係養以爲妓女否。不問婢是否爲奴，而偏問婢是否爲奴。不問爲婢者是否有爲男主人取樂之用，而偏問爲婢者是否供男主人取樂之用。不問主人是否有任意將其婢難爲，而偏問主人是否可任意將其難爲。

五，爲婢者其主人是否有任意將其難爲？
倘如此發問，則與事實相稱，吾信會塲中人，必能

登蓄婢之事：必養以爲妓，必與奴無殊，必爲供主人之樂，而亦須取締之歟？稍有仁心者，常亦知所答矣一弊，而後乃堪取締爲妓，必與奴無殊，必爲以上諸流樂，必養以爲妓，而後乃堪取締。抑旣有以上諸流

或曰：華商總會所定之議題，乃屬英議員詰問之語，與措詞者何尤。　余曰：否否！英議員不諳華文，其用意當與余所修訂者爲近，倘其不然，何以孖剌西報及普樂狀師，皆謂此種問題，另樹問題，以諳華人之答覆乎？此可知英議員必無如是呆笨之問語也！

總之此次會議之一致否認者；非否認取締蓄婢爲不宜也；亦非否認此種流弊爲非實事也；質而言之，實否認一二三五各題中之係字爲奴字供字可字爲不確耳。余得而言訂立此種問題者之狡點：一介人疑英議員詰問之語；爲羞辱華人養婢之家。（觀各報鐄表決覽一條時

而劉平先生之言可知）一令衆議者，必居於否認之地，子以此歸咎於港僑身上。在上則倡倡國家之議員；在下則倡倡僑港之黎庶；其用心亦誠狡矣。

今此事已登諸報章，聲明僑民一致否認，如此則保留婢制之過惡，已歸諸僑民擔負。噫辯言亂政，舞墨弄文，顛倒是非，混淆黑白，古今蓋比比矣，今余於是文，以明揭其私，亦欲使無以吾民爲可盡恐，而知港僑之猶有人也。

▲附王牧師與王者之討論

王者討論王牧師言論平議　子向不聞大光報。昨訪友人偶其案頭檢得八月二號三號二日大光報。因見所登王愛棠牧師來稿。（其標目爲揭明蓄婢會議否認原因）持論對於華人兩代表前日邀集各界會議蓄婢問題一事。多不滿意於主席。鄙人對于社會事務。素無成見，惟以主持公道爲職志。今見所論多屬客氣用事之言。骨梗在喉。不能不吐。用特著論與王牧師討論之議。並以質問明達諸君子。（一）王牧師謂當日全塲否認英議員所設一至五各問題。非柰出於兼人之本意。其中並有術云云。不知英議員所設之問題。於吾華人之體面習慣大有關係。主席否認此五問題。其持之正確。係吾華人心中所欲吐之言。並非主屬一人之私見。苟吾華人胄

承認此種問題。則吾華人之蓄婢者均屬以爲榮。爲贌。爲男主之所取樂。如此吾華人尚有人格乎。尚有面目以對世界各國乎。是不待智者而知其不能承認矣。以眞不能承認之問題。而柰人否認之。理之至當也。安得謂爲有術哉。主席忌詳論演說。是日主席發言。乃長篇大論。居全會事畧多。主席發言之牛。爲破壞議規云云。不知●議法則。爲辭事件。而主席對於其事又無意見表示者。自當照通常議于規則。祇將事之始末說明。以俟柰人公議。今所議之各問題。乃關於吾華人之體面者。其事至爲重大。且英人對於此問題中。多誣毀我華人之意。以與柰人之不將其所抱之意見詳細表出。故主席所發言雖極長極多。之職責也。苟非題外之語。均不得認爲不合議事規程。（一）王牧師謂主席又言港政府對於華人立例不公。如居處別其地方。比種言是起中西之見云云。不知主席之發言。並非有意分出中西界限。主席當日在塲。已聲明此意。（各報均有登載）今何得指爲惹禍中西之見乎。鄙人雖與主席相交甚淺。惟見其平日持論行事。無一不以融和中西之意見。解釋中西之嫌疑爲事。此彰彰在人耳目。非鄙人個人之私言也。今王牧師乃借此一言。而謂主席爲惹起中西之見。吾爲

王牧師之爲此言。實欲挑撥中西惡感耳。如王牧師之流者。恐不止於此也。至蓄婢應否取締。此固題與吾國數千年之積智與乎人民生計問題大有關係。非一人所能武斷。非空言所能收效。要常各舒所見。以期集公論而收研究之功。不應肆意詆毀。以快個人之私見。王牧師自命爲明眞理蓄道德之人。對於社會事務。自宜推誠研究以不自負其平日之用心今乃持論偏激。惟以客氣聲搏爲能事。明眞理蓄道德者尙復如是。其不明理無道德者更常何如耶。吾於吾國民之行事。實抱悲觀焉。

三，八，九，華字報

王愛棠牧師答王君之意見。乃出於眾人之本意。此言誠然。不獨眾人否認之。即鄙人當時亦否認之。然試思此種議題果爲議員所設之問題乎。沈爲華商總會所設之問題乎。吾人乃否認英員所設之問題。抑否認華商總會所設之問題乎。是不可以不辨也。如其否認英議員所設之問題。則不應發此詰問。是否（因與英議員原意不符。及鄙人二號在大光報訂正之四題比較便知）如其否認華商總會所設之問題。則不應宣言否認英議員之問題。今乃混而一之。竟明告於眾曰。五問題皆不能通過。作爲並無其事。果如是。答覆英廷爲較符合事實哉。果並無其事哉。

衡在。恐亦非過也。王君又謂所議之各問題。事關軍大。故主席詳細演說。不得認爲不合。此言是也。蓋所貴乎會議者。在能發表多數人意見而採取之。以成公意者也。（常日何爲多數。觀議場紀錄可知）今主席將一己之意。詳細講演。滔滔於眾人心內。而會議之語則反證諸腦後。不問附和。不與行違。王君又謂鄙人引題付乘表決。有欲修訂句語者不許之。有欲增減字句者不許之。於己意則不脈精詳。於人意則一任揀煞。王君常日在座。試問主席曾有將員面之意見而代爲提出否。曾有將負面之言論而一詢問和否。如其無之。是以己意壓抑眾意也。如是則謂主席之洋洋大文。只知發表個人意見。與議會規程不合。亦非過甚也。王君又謂鄙人引主席論政府之言。爲挑撥中西惡感。此爲架禍於人語氣。鄙人之意。蓋此種言語可起中西之見。非謂主席惹起中西之見。原文具在。可以覆按。爲得以言挑撥。今請以王君本人之言爲証。王君質問之文。烏得以挑撥中西惡感。再則言英人對於此院。亦能令議院發生效力乎。如王君心無私見。必不致發生此種論調設之問題多詆毀我言。然試問王君之爲此言。亦能令議問題可知舉出政府向華人民視爲事實對眾陳達。經非有意激觸人心。而亦自能與起會人之誤解。則謂爲起中西之見

○亦有何不宜者也○王君又謂鄙人肆意詆毀○以客氣搏報爲能事○未知王君以何詞爲據○則有之○謂問題措詞之狡則有之○然此亦只本春秋責備賢者之義○立論且有事實文義可據○烏得以言詆毀○鄙人對於社會之事○向來不主干涉○惟傷人道背義理者○則亦稍知自愛○不敢依違兩可○今試問保留婢制爲傷人道否○強姦衆意爲背見義理○昔孟子見夷子曰○不直則道不見○我且直之○鄙人疇昔揭明否認之原因○今又明告王君○夫亦曰○我且直之云爾○再者此又因王君之間○不得不已而答辯○語意之中○多有牽及我華人代表○心殊滋疚○後此不欲多論○免失聲敬之意○惟諸君子及王君諒焉○

三，八，二，華字報

十三

◉ 輿論第四

（二）蓄婢問題之辨誤　　（不平子）

研究華人蓄婢問題○自前月三十號在太平戲院開會討論後○座中人士○互有發揮○其間固多至理名言○而誤會者亦復不少○茲據各人誤會之點○爲之詳細解釋辨明○是亦研究中應有之義也○

○於養婢是否養育爲妓女一節○其誤會之點有三○所云初時買爲己用○因不遵教訓○輾轉再三○後卒賣之靑樓○以吾所聞○不遵教訓之婢○未及年而嫁之者有之○未聞有鬻之靑樓者○即有亦萬無一二○是日楊少泉演說○所云主人用之有過時候○而不遵教訓○便要自由○遠轉鬻靑樓○則殊非事實○墮落靑樓則可○謂因其自己淫蕩失躬○而不於蓄婢○未免牽合附會○又云蓄婢之陋習一日不取消○將之遺嫁○則甚易弄成種種弊端○此則不獨婢爲然○近日女子修言解放○年紀稍長○試詢買婢之家○有一來歷不明之女戀愛○何嘗因爲婢而後有弊端哉○父母不爲擇配○便要自由子否○苟非親生父母當面公訂○亦無人敢冒昧承受也○所云拐帶得來○其嫽尤甚○今不賣女德○昔出拐至於爲婢者是否爲奴○其誤會之點有二○所云見買爲奴○女爲婢○奴婢固是一洗○其說非是○奴者斷賣其身

○所生之子女。亦不能脫離奴籍。婢則僅賣數年。期滿之後。仍復自由之身。實與有長期合約之僱傭相類。至謂他日嫁與人為妾。又受大婦專制。依然不能脫身。恢復其自由權。此說亦非。夫為婢者不盡為妾。

○盡為婢。貧家子女。嫁人作箕幾房妾侍者比比矣。為妾者有之。編氓小戶。買婢為正室者有之。斷絃納妾者有之。又何管受大婦之專制。且更部姿寒妻者。是為妻而反受妾之專制。

○為此言胡不從對面一想乎。且彼所提出之意見。亦有差誤。如謂人格問題。在婢本身。既愛主人之虐待。及至嫁人為妾。大婦不良。無伸雪之餘地。丈夫亦不能為左右。所謂有嫡子庶子之分別。

○其所生之子女。亦係不能平等。殊不知主人虐待。既剝倒其自由與人格。其不平等不公平。就有過於此者乎。亦有一部分主大婦不良。丈夫闇昔。是小數部分的事。亦有一部分主人優待。大婦無權。丈夫龍妾。與之對待。祇得平均之。

其遺傳性。一味奴顏婢膝而已。直以妾所生之子女。會是無人格的人。君國庶出者。豈占半數。試問各人肯承認此言否。古今來庶出之子。為名臣。為大儒。聯月累牘。不可悉數。烏得以此無稽之言相誣耶。且為之一反勘。謂庶出者無人格。登嫡出者所行。卑污苟賤之行。盡是庶出者所為。而無嫡出與庶出可己。若然

則國家用人。不必問其他。但問其為嫡出與庶出可乎。天下寧有此理乎。

○又如六月廿四日所刊育婢問題之討論。謂不可不育婢之原因。不在育以為妓。而在剝去人類終身或若干年之自由。則謂婢女自八歲起。至十八歲止。自少便聽其自由行動。不受父母之管束乎。子女亦須管束。何獨聽婢女為自由行動。不受父母之管束乎。試問人家子女。子女亦須管束。何獨聽婢女為然哉。以不受之管束乎。

○婢出者必賢。庶出者必不肖。天下寧有此理乎。謂為婢而雖不盡供男主人取樂。然強以取樂。固無不可。所云婢強以取樂。則舉天下之女子。已溢出範圍之外矣。

○又所謂牧師王某者。在大光報所刊揭明蓄婢會議之否認原因一篇。更屬節外生枝。謂乘人否認蓄婢之六問題。以主席發言時刻太久。議論太詳。已將否決之意。溢出範圍之外矣。○所云婢強以取樂。則舉天下之女子。措詞之狡。滿注於眾人心目中。付表決時。一議論

○已將否決此五問題云云。使主席之言不是。雖演說盡日

○數耳。不能以一部分概其餘也。至謂嫡庶之分。為不平等耳。夫嫡庶之分。猶長幼之別。兄之與弟。亦不能平等

○如其所言。必將長幼之序制去方可。是率天下而為不等也。中國考試之例。等級最嚴。未聞賤視庶子也。即社會交際。亦未聞賤視庶子也。彼輩有不達之論。

○謂中國有人格者少。無人格者多。由於無教育無知識之婢女。終身受制於人。一世局促。則所生之子女。亦得眾皆否認此五問題云云。使主席之言不是。雖演說盡日

亦不能助人之聰。今一致贊成。是人人心理有同然也

○安得以立言太巧識之哉。若謂發出之問題。其中一二

三五各條。乃將題意之內包縮窄。使除是否二字之外。

○無可為容者。今試將此四題修訂。由比較而知其狡計。

一蓄婢是否有養育為妓女之用。二為婢是否與奴相類。三為

婢是否有為男主人取樂之用。五為蓄婢者其主人是否有任

淫將其難為。倘如此發問。必有認成此問題為是者。殊

不知如此發問。是指一部分而言。非指普通言之也。千

萬人蓄婢。而有一謬之為妓者。即謂蓄婢便是為妓。千

萬人蓄婢。而有一為主人取樂者。即謂蓄婢便為取樂之

用。千萬人蓄婢。而有一將其為難者。即謂蓄婢可任意

為難。少數不良之點。連累大部分。是何異因噎而廢食

乎。主席所提出之問題。本極空洞。乃反管為措詞之狡

○是以不肖之必待人眾。

以上所言。皆各人對於蓄婢問題有誤會之處。故特為剖

斷其疑義。俾知中國蓄婢之習慣。無取締之必要也。

二，八，一三，總商會報

○輿論第五

「蓄婢問題辨誤」之誤辨　　楊少泉

夫理不辨不明。鼓不擊不鳴。對論蓄婢問題。亦如

是耳。倘各人能本其良心上之主張。謀人類之進步。亦如

斷不肯於廿世紀中。任蓄婢之陋習存在也。七月三十

號。在太平戲院開會。討論此事之時。鄙人亦曾躬表盈

見。以遊港僑個人之實。然不致謂已盡是而人遊非也。

設有人能將鄙說之錯誤指正。有正蓄之解

決。則不獨鄙。拜受其賜。即港中現有之婢女。及未來

無量之婢女。亦將共受厚惠也。

報載有不平子討論蓄婢問題之辨誤一篇。滿紙糊言。令

人欲嘔。反施施然大書特書以辨人之誤為辭。自鳴得意

。無怪天石君將其謬說。迎頭痛擊之。

不能已於言者。除天石痛斥者不資外。茲將不平子之言

論。加以據弧。分段料正之。不平子謂「楊少泉演說：

於蓄婢是否係育以為妓女一節。其誤會之點有三。所云

初時買為己用；因不遵教訓。輾轉再三。後辛買之於青

樓。以吾所聞。不遵教訓之婢。未及年而嫁之者有之

；未聞有鬻之青樓者。即有亦萬無一二。」

天下事。豈必盡使不平子聞之。然後方得謂之為有

其事，否則即為無其事，有是理乎？　何說謷乃爾！

上文既謂「未聞有黑之青樓者」而下文乂即體以「即有亦萬無一二」，亦可見不平子對于己之言論。　　亦不敢自信，又烏足以辨人之課哉！

「所云主人用之有過時候，而不將之遣嫁，則其易成種種弊端，此則不獨婢女為然。　　近日女子，移言解放，年紀稍長，父母不為擇配，便要自由戀愛，何嘗因為種種弊端哉？

今不賣女德之墮落，而歸咎於蓄婢，未免牽合附會。」

不平子亦知人類之稟賦，各有不同。　　上賢者，不教而善，中賢者，教而後善，下賢者，教而不善，今不平子既知弊端，關於女德之墮落已；其亦知女德之與，其上賢與下賢之資格之婢女，無論之興，端在教育乎，其曾有相當之教育，亦曾有相當之教育，以扶植其女德否乎，未免擬於不倫矣。

「欲令蓄婢者，同生惡感，其立心可謂險矣！

「至於為婢者，是否為奴一節，其誤會之點有二：所云易為奴，女為婢，奴婢同是一流，其說非是。　　奴者斷賣其身，所生子女，亦不能脫離奴籍；婢則僅賣數年期滿之後，仍復自由之身，實與有長期合約之僱傭相類。」

不平子亦知奴婢者，乃古罪人之女，從坐而沒入官，以供使役者之謂乎？今以錢而買者，亦稱奴婢，此乃亦自認女子為婢之時，亦與奴同等，失其自由，完全失去自由，則何能擬與有長期合約之僱傭相類。人，能將有合約之僱傭，如婢女之虐待否？　　且夫合約之設，必須雙方允願，而遵守者也。　　試問買婢者，亦曾得本人之同意否？　　吾知不平子必謂：本人年幼無知，已經由其父母允願，即與本人允願無異。　　然則年紀稍大自能答復者，有問其本人否？　　吾知其必無也。　　如是又能謂之為合約耶？　　若謂父母允願，即可作其女之允願，然則為父母，可以斷喪子女之自由否？　　以不平子之眼光觀之，自然視為平常，不特此也，即使父要子亡亦不得不亡也。　　但今時已是民國，無論何人，不敢侵奪他人之自由，二千餘年之陳跡舊習，

「又云蓄婢之習陋，一日不取銷，則拐帶之案，一日不能減少；是直以人家所蓄之婢，皆由拐帶而來。」

不平子可謂善於誣捏人者已！　　鄙論原謂：蓄婢陋習，一日不革除，則拐帶及買賣人口之風，一日不減，更使搖錢者，得以藉口，以育女為名，而作其慘無人道之醜業，蓋有相因而至者。　　今不平子不提上文下理竟敢聯章取義，入人以罪。

謂所蓄之婢，皆由拐帶而來

依律法，斷不能侵奪他人之自由，

十六

「已不適用矣。 其尤奇者，不平子謂期滿之後，仍復自由之身」吾欲一問：買斷身之婢，是否有期限之規定，否則以何時爲斷。 吾知不平子必謂：以出嫁之時爲期也。然則婢女出嫁之期，是否有一定年齡之規定，抑由主人之自定，若由主人之自定，則所需期者，亦不過是主人之主意耳。 何期之有哉？ 至謂嫁後， 便復同自由，此亦不過一種門面語耳。 嫁婢者，多數祇求禮金之豐厚，何嘗計及本人之同意。 試問此種旨婚，出嫁後能自由否？

「夫爲婢者不盡爲妾；爲妾者不盡爲婢。 貧家女子，嫁人作箕箒者爲人妾，編氓小戶，買婢爲正室者有之；斷絲納妾者有之；又何嘗受大婦之專制。」

雖爲婢者，不盡爲妾，然多數作妾，吾人論事：祇須從多數着想耳，豈必盡爲人妾，然後始得謂嫁與人爲妾乎？ 即照不平子所言：亦足證明爲婢者，不自由之苦況。 除多數嫁人作妾者外，其餘得爲正室者，亦祇限于編氓小戶耳。 欲作窩人之妻者，已無望已，誰使之然！ 至謂「斷絲納妾有之，又何嘗受大婦之專制。」不平子以爲引此，便可以推翻謂爲妾者大婦專制之左証已；不知適足以証實，確有受大婦之專制耳，何以言之！ 爲人妾者，必俟斷絲者納之，方可免受大婦之專制，若非斷絲者納之，則必難免受大婦之專制也明

矣。

「且更有寵妾棄妻者。 是爲妻而反受妾之專制。胡不從對面一想乎。」

此說更謬，夫棄妻者夫也，非妾也，所被輶棄者乃受夫之專制耳，于妾何尤？ 何得謂反受妾之專制乎？妾爲大婦所迫，以致投河自盡者有之，惟大婦而受妾所迫致喪命者，則屬罕聞也，又焉能作爲反比例也耶！

不平子又謂：「殊不知主人虐待，大婦不良，丈夫闡茸，是小數部分的事；亦有一部分主人優待，大婦無權，丈夫寵妾，與之對待，祇得平均之數，不能以一部概其餘也。」

不平子謂亦有一部分人將婢女優待，與虐待者，祇得平均之數，今愚姑不問不平子，用何種調查手續，查得優待與虐待，兩方面之數相等；今祇問不平子，主人如何優待婢女，優待婢女，以少些打罵爲優待乎？ 抑使其略得飽煖便算爲優待乎？ 恐意正當之優待，必于飲食有時，作止有候，且施以相當之敎育，令其得略受普通之常識，始足以語優待，試問能履行此種辦法者，能有幾人？ 惟虐待婢女者，則屬多數，輕報章之膾載者，乃事之發露者耳；其未輕顯露者，更不知凡幾也。 不平子竟開二者相等，贊持平之論哉

至以「大婦無權，丈夫寵姿」之事，以與為姿被大婦專制者之數相等，誠不知何所見而云然？不平子豈不知中國之習尚，莫不以重妻輕姿為平常之事乎？倘有不輕妻重姿之舉，則不獨為眾所譏彈，即女家亦必不肯干休，務必以理相繩，正其名位。若為姿受大婦不良之待遇，則視作平常，亦不敢為之理論。由此觀之，則可知不平子所謂平均之數者，乃捏做之瞎說矣。

「夫嫡庶之分，猶長幼之別，兄之與弟，亦不能平等，如其所言，必將長幼之序剷去方可，是舉天下而為不遜弟也。」

不平子既欲兄友弟恭，長幼有序，則不應有嫡庶之分也。中國習俗遺傳，凡人死後，亦必嫡出之長子方可者是庶所出雖為兄長，亦不得與，反為嫡出之幼弟得之，是徒有長子之名，而無長子之實，長幼之序，剷之殆盡，是率天下而為不遜弟者，莫過于嫡庶之分也！

「中國考試之例，等級最嚴，亦未聞庶子不能考試。」

不平子所謂考試之例，等級最嚴，是必指前清時代之考試無疑矣。今民國已成立十年；此種屬敗制度，

是已歸于淘汰時，至今日，不平子猶引為例証，自鳴得意，以此種瘠頭腦之眼光，而觀察新世界，無怪其抑鬱不得意也。●即以前清考試而論，亦斷不能以此証明嫡庶為平等，前清之考試，並非優待庶子，實欲以搜羅天下有才志之士，消弭其有用之才，于無用之地，直以愚黔首耳，有識者正恨之激骨，不平子反以為厚待，其愚不可及矣。

「即社會交際，亦未聞賤視庶子也。」

社會者，乃由多數家庭，集合而成，家庭則由夫婦而起，是夫婦為社會之根本也。中國習俗對于嫡庶之界線，分別頗嚴。嫡出者，多不願與庶出之子女婚配。己足証其有所賤視，根本既已為人所賤視，遑論其末乎？

「直以姿所生之子女，皆是無人格的人，吾國庶出者，幾占半數；試問各人肯承認此言否？古今來，庶出之子，為名臣，為大儒，駢肩累跡，不可悉數，烏得以此無權之言相詆耶？」

近朱者赤，近墨者黑，此乃自然不易之理，大凡十歲以下之子女，其領受母教之處較之父教必更多，以其常近母親也。倘為母者，卑鄙成性，毫無教育，則其子女，日夕親之，又烏能不為其所薰染哉？下平子謂，庶之所出者，亦有為名臣，為大儒者，不平子亦曾南

思及此種所謂名臣，大儒之人，其必具有上賢之資質乎？否則必為其母之習慣薰染之矣。不平子既知婢女于未解放及未受教育之時代，所生之子女，其中尚有名臣大儒，倘使婢習革除，復回女子自由，授以相常之教育，則將來產出之偉人英傑，則必千百倍于前也。吾人斷不能以偶見目不識丁之窮漢，得以自手興家。橫數資十萬，便以為人之發達，不在學問，或存心忠厚，。須知該白手興家者，必有過人之處，遂不諱求教育。或有辦事勤敏之特點，倘再以加以教育學識，則其前程之發達，必不止百數十萬已也，今之人格問題，亦如是己。　設婢女得解放？復回自由，得受相常之教育，則其子女，豈止少數名臣大儒已哉？其中賢之資質者，亦將為偉人俊傑矣。　然則不平子桌以吾國現在之人格為高尚，人才為足用，毋須再求進步乎？如其以為然，則亦已矣，若以為未也，則富從根本上着想，發揮正當之言論，為人道正義鳴不平，何可為害人之顧名而伸辦哉？

◉輿論第六

我亦討論蓄婢問題

（天石）

邇來本港人士，對於蓄婢問題，頗多討論。凡茲呼聲，曰：維持蓄婢也。曰：防範虐待婢女也。

謂其非因於人道之一念，然而第曰防範。於蓄婢制度，是否仍認其有存在之價值？不無疑義。

吾謂貴族階級，既發見蓄婢暴露之罪惡，則所謂維持與防範者，是否足以為人道之保障？維持也，然則防範也，敢率爾應我，曰，我保護汝也，若靈程度幼稚，非受我之保護所屬，曰，我保護汝也，若靈程度幼稚，非受我之保護不可。　此富主張正誼者所許可？彼倡言維持與防範者，富不異是？　吾人姑退步立論，謂論者之意，為維減虐婢之罪惡計，非立時所能推翻，故于辦寧之步驟上，不得不如是。　論者苦衷，吾人微特原之而已，且深佩其主張人道，救護女性之熱忱。　顧吾所懷疑者，論者對於蓄婢之家，能否一一懷疑者，論者對於蓄婢之家，能否一一以相富之刑罰？能之矣，其于虐待程度之深後，能否一一彼婢女憔悴呻楚之聲，能否一一為論者所聞？假曰舉能之，則論者之所謂防範與維持，於人道方面，富曰紙補。　否則論者之主張，能否實行，倘屬別一問題；而

論者之主張是否錯誤，則又一問題也。

吾人討論蓄婢問題，既以人道主義為前提，則於本問題之論點，當然先問蓄婢制度，果適合于人道否？者「虐婢」與「納婢為妾」諸惡習，特問題之枝節，苟問題之本身解決，枝節自迎刃而解耳。

吾今試問論者曰：「公等既高唱人道主義，則同是人也，而懷轉買賣，視等貨利夫焉，是果合於人道否？公等既高唱人道主義，則以未成年之女子，靳予教育，閉聰塞明，使任苦劇之工作，比長時簽如鹿豕，一生永為奴隸，是果合於人道否？公等既高唱人道主義，則於人而日蓄，其視人也，殆亦與牛馬等耳，獨不知一經為婢，天賦人權，殆已剝奪淨盡，馴至婚姻問題，亦須受主人「賣買式」之支配，不能得絲毫自由，是果合於人道否也？」公等倘能應我曰：「是皆不干於人道主義者也。」則吾復何言，公等果有一線天良，果將如何應我。

公等獨無子女乎？公等獨無兒孫乎？此時生長華間，錦衣玉食，戲無所用其顧慮，然則蓄婢制度之存在，於公等又寧有利乎？公等不為人道計，獨不為本身利害計乎？又將如何應我也？公等果三思之，嗚呼！蓄婢

制度之流毒於社會也如是，則其尚能存在與否，殆已不成問題。而公等乃不為根本之圖，器器然號於眾曰：「維持也，防範也。」公等天良萌動，吾又烏敢奇寶，絕公等自新之路，然而即此遂謂人道主義，亦淺之視乎人道矣。無已，其錫公等以嘉名曰：「半截身之人道主義也。」

不甯唯是，論者又謂蓄婢制度廢除，則貧家女子，將無人為之撫養。嗚呼！矜恤貧家女子，乃一至於此乎？所謂慈善事業，乃又是乎？雖然，此說是否逼過，容續論之。

公等既以人道主義相標榜，矜恤貧家子女，然何不以買婢身價，與數年贍養之金，捐助社會，以建一女子貧民義學。

吾知公等設人人具惻隱之心，則集腋成裘，何難建一規模宏鉅之學校，容納此黎衍女，公等果能如吾所云，則此所謂撫養貧家女子者，司馬之食公等之賜。否則公等所謂宛轉哀呼之婢女，將何以食公等之賜。否則公等縱不虐婢，公等縱不納婢為妾，人心，路人省見，矜恤與慈善，不應含有條件之作用。若有條件之矜恤；及有條件之慈善，其所謂矜恤與慈善者，亦從可想耳。

總之，人類既有階級之覺悟，則蓄婢制度，所謂防範與維持，亦屬多事；吾人之天良，苟求盡泯，則所謂防

二十

之結果，自當從根本着想，舉數千年來蓄婢之惡習，一揮而空之，所謂防範與維持，抑亦未也。

適有舉某報「蓄婢問題之辨誤」一論見示，此論署名為不平子。

吾初意以為不平子者，或為宛轉哀呼之婢女鳴其不平，迨閱其內容，則不平子之鳴，蓋本資本家與紳閥鳴不平者也。今試舉其所謂辨誤者，為「辨誤之辨誤」，其大旨謂：

(一)買婢之家，有一來歷不明之女子否？苟非親生父母當面安訂，亦無人敢冒昧承受。

(二)蓄婢制度，實與長期合約之僱備相類。

婢者不盡為妾，為妾者不盡為婢。

(三)更有寵妾來妻者，是為妾而反受妾專制……亦有一部受主人優待，大婦無權，丈夫寵妾……嫡庶之分，猶長幼之別、兄之與弟，亦不能平等。

(四)自八歲起，至十八歲止，權操之主人，則謂之不自由。試問人家子女，自少便聽其自由行勤，不受父母之管束乎？子女亦須管束，何獨婢為然哉？以不受管束為自由，淫蕩之風日盛也。

凡茲論點，為不平子論中之要旨。其維持蓄婢制

度之苦心孤詣，固已昭然若揭。而東拉西扯，保持立妾制度，為侍姿盡忠擁護者，亦不可為不力。今且先闖其第一謬點，不平子於買婢之家，是否一一調查清晰？確無來歷不明，拐帶轉買之女子？不平子將以何詞種保証，而証實其必無？果有之者，不平子將以何詞辯其容？不平子執筆報界。對於日常新聞，亦嘗有所聞否？是否淡然忘之？抑昧良以為貴族作喉舌？

由前之說，則不平子頭腦混沌至此，對於社會情況，金不明瞭，潛亂是非，將導社會於黑暗之途，於良心亦有所愧否？由後之說，不平子良心喪盡，果欲討好貴族，何不為歌功頌德之文，則富貴之道，庸不可求，而忍使無量數被拐轉賣為婢之女子，憔悴呻吟於貴族權威之下也？

今更闖第二謬點：不平子謂蓄婢制度，實與長期合約之僱備相類。此說似是而實非，謬誤……為婢者不盡為妾，為妾者不盡為婢。試問長期合約之僱備相類。是否有年限之規定？此非而實謬。而一經為婢，則終身約之僱備，即婚姻問題，亦須受主人之支配，獝之貨物，價高者得。彼腸肥腦滿之富家翁，何嘗念及兩性間是否意志相投？故終其身為怨耦者有之，幾經匹配，而下堂求去者有之。彼墮人之徒，且喟然太息，關

女德之墮落。

嗚呼！誰爲爲之？孰令致之？而二至於此乎！不同如是，而不平子牽強附會，已足令人失笑。之事實，不平子雖欲強詞奪理，談巷語，言之鑿鑿，不平子亦爲思爲紳閥辯護耶？吾不欲不平子心自問，果愧對良心否也？

今更關其第三謬點：則婢之人格問題是也。不平子前說，既云爲婢者不盡爲婢，此處又力爲侍婢辯護，謂嫡庶之分，猶長幼之別，兄之與弟，亦不能平等。不平子不特力持立婢，且力持立妾個度永遠存在，以償富紳鉅閥之肉慾。試問長幼兄弟，與婢廡果同否？不平子之頭腦，固滿貯所謂五倫矣，武問五倫中亦有嫡庶一倫否？文明國家，亦有婢廡之怪現象否？以一男子。而納三數女子，充其下陳，是置女子之人格於何地。

乃不平子猶揚揚意得曰：「……更有爲妾婢者……，是爲妻而反受妾專制……若經約爲妾，大婦無權，丈夫寵妾女。」……亦有一部受主人優待，幾欲盡驅天下之女子爲婢妾？幾欲盡驅天下之人，無異登仙。婦之行也。吾不知不平子亦有妻女否？吾不知不平子亦忍使其妻女，爲婢妾否也？己所不欲，勿施於人所樹立，則何致甘爲侍妾，恬不知恥；更何致帷薄不修

不平子苟反而自省，又將如何答我也？「此本題九之論，以不平子極力鼓吹納妾，故不得不詞而闢之。」

今更關其第四謬點：不平子謂：「自八歲起，至十八歲止，權操之主人，則謂之不自由。試問人家子女，自少便剝其自由行動，不受父母之管束乎？子女亦須管束，何獨婢爲然哉？以不受管束爲自由，無怪近來淫蕩之風日盛也……」不平子此語，自謂足以自圓其說矣。然父母管束子女，乃施以相當之敎育。而於婢女則何如？父母之管束子女，曾有虐待之行爲否？而主人之對於婢女則何如？父母之管束子女，曾有厭迫之行爲否？而主人之對於婢女則何如？不平子欲假管束之好名詞，以保存蓄婢制度，自謂得計。而不知管束二字之意義，乃予以仁慈之愛情亦曾含有絲毫虐待之意否？不平子果誤解管束之字義，則可想也。若知之。則猶可想也。則吾豈欲怨不平子，而天下之人，不之怨也。以不受管束爲自由，殆指近來淫蕩之風日盛……」此編尤謬，不平子所謂淫蕩之風日盛，殆指女德之墮落而言然女子倘於幼稚時代，即受相當之敎育，俾長成有

，淫濟絲老？　推厭原因：貪壓抑女性如不平子一流之人，蓄婢納妾，剝奪女子人格，使婦女激而出此者也。然則不平子果抱「世風日下」之嘆，何不窮涕哀告，勸富紳鉅閥，少作寃孽，勿再縱情聲色，蓄美婢，納艷姿，摧殘女性之造孽？乃不平子不責富紳鉅閥之造孽，而第爲偏面壓抑之論也。試問吾儕無可告訴之女同胞，果廿受此種污衊否也。其他蓄婢解自由之意義，在引車賣漿，情猶可憐；若不平子者，固所謂能文之士，乃猶不明自由爲何物，記者又安有冤筆浪墨，爲無謂之辯論，取厭於閱者耶？

吾論將告結束矣。

質言之：時至今日，蓄婢制度之常否廢除，在文明國家旗幟之下，已無復討論之餘地。而自命先覺之報界記者，爲人道計，爲正誼計，當如何鼓吹禁止，始足以對良心，謝閱人。乃不平子聲，竟敢於光天化日之下，發此怪論，吾不暇爲宛轉哀呼之婢女悲，吾乃不能不爲人道正誼悲，更不能不爲報界人格悲也。或謂：「子既反對蓄婢矣，然則將如之何，始可蓄婢制度。永遠廢除。」記者曰：此手段也，非目的也。在今日社會中，旣有主張蓄婢之怪聲，記者安能不力闢其謬，以明是非。至於吾人將取何種手段，此則反對蓄婢會諸君，自有具體之辦法。見所及，竊謂進行之步驟，應取以下兩種：

（一）請劃政府，禁止蓄婢也。
（二）廢除蓄婢後之善後問題也。

凡益二事，皆反對蓄婢後之善後問題也。願香港政府，宜服從吾華人公意，若夫二三紳士，力予贊助。所謂公使意云者，置指平民階級，若夫二三紳士，力予贊助。所謂公意者，無不立於反對者之地位，縱情聲色，其弊利於一己者，無不立於反對者之地位，甯能代表真正之民意耶？至於善後問題，將來之成績何如，是視吾人之能否力行。總之善後問題之不合人道，摧殘女性，稍有人心，無不髮指。吾人同爲人類，對於此種陋習，熟視無覩，已可駭怪，彼推波助瀾，倡言維持者，吾不知其居心何若？哀莫大於心死，是真心死者矣！

一二一八，八，二一，大光報

●●藝法君之革除蓄婢意見　大光報編輯主任先生鑒

反對蓄婢退智助人覺悟並謀設善法務達到剝革除蓄婢）爲宗旨。特於忙中剝草除蓄婢。擬定辦法數條如下。者速爲指敎。以便旅港之婢女得早見光明也。

反對蓄婢會應向政府請願

（一）凡蓄婢之家。婢主須定限期內。赴政府指定之處。將婢契毀滅。並由政府將該婢拍照貼册存案。以爲釋放之憑證。
（二）契約毀滅後。婢女如願同婢家作工。則婢主須給閱

傭值之婢女。傭值之計算如下

（甲）十一歲至十五歲者月計一元至二元。

（乙）十六歲或以上者月計三元至五元。

上列二欵傭值。如婢女願歸原主處作工。婢主得由其傭值扣回已繳婢女之身價。惟婢女不願同婢主從前供給之衣裝膳費不在扣除之列。設婢女不願同婢主處工作。則婢女可由契約成立日起。至廢止日止。按服務期之久暫。照上法將應得之傭值。抵填賣身價。如或抵填身價數目。則僱該婢者須扣回其傭值。償其所餘身價之半。

（三）婢女如不願受僱於原婢主。其父母可按本條

（甲）（乙）二欵辦法。領同團聚。如或父母不領。則須出政府交慈善機關代覓工作。或交保良局。取該婢同意代為擇配。

（甲）父母領回者。應從賣出日起。至釋放日止。由

（乙）父母領回者。

父母領去後。須保證以後不再將其女轉售與人服務內應得之工值償還其賣身價。如數不敷。則應由父母按數補填。

（四）由宣佈釋放婢女日起。以後凡携婢到港探戚。或暫居港地者。（指寄寓旅店而言）須携該婢照片赴政府指定之處存記。並於離港時親到註銷之。

（五）婢女釋放後。凡未滿十二歲之童婢。每日不能作工八小時。其工作又須以不傷驅體發育者為限。

（六）婢女須及笄之年。如有欲代擇配者。須得本人同意。及證實非將其嫁人作妾者方可。否則以有損人格論。

（七）契約之毀滅。由宣佈日起。以二閱月為限。限滿如查仍有未將契約毀滅。或逾期始自行呈繳者。須納逾期毀契費二十元。此條祇於上列限期滿後四閱月內發生效力。如查出逾期四閱月。則須證明確為新遷到港者。否到除契約毀滅及追繳毀契費外。仍將其婢女交由政府發落。不得按（第二欵）追償該婢身價。

二一，八，一九弟慕法上言

◉輿論第七

香港婢女問題

（華字報）

香港婢女問題。近因英國議員。提議干涉。遂為一般人所注意。吾今請就鄙見所及。與各界人士一商榷之。

（一）從生活上觀察。吾國蓄婢一事。自外國人眼光觀之。常然為最不道德的行為。（外人並人力車亦以有傷人道異蓄婢目為無待言）殷湯外國人有然。即我國古先哲亦何嘗或以為界。蓋古的婢之制。之一種遺制。（屈俗亦古制無奴婢即以犯事者為奴婢說文男入罪曰奴女入罪曰婢）且婢之云者。在古原為婦人自稱之謙辭。禮記曲禮以下。自稱曰婢子。左傳載秦穆姬人於晉朝以入。則婢子夕以死。則推原其始。一則世祿的廝徒勞工為目的的。非旱無以供使令而藉其快樂。一則貧民為生計所壓迫。故不得不自賣以求活。（子女被鬻亦多矣寒戶迫於有兩種原因。此奉婢之所由來也。說文謹以吾國近日生計之困難。一般貧民。終歲勞苦。更何有仰事俯畜。故貧寒人家。為洪爐育義敦計。至不惜舉其呱呱隨地之女孩。而投諸慾壑當者。有之則鬻女自不能禁其必無。況即以被鬻之女子而論。

與其在家渡可憐之歲月。就蓄歸之富家。衣食住可以無虞。對於父母。尤可得賣以謀一家之生活。實際上固明明比較的為有利事業者耶。是說也。會生計問題求解決以前。誠為無可幸免之事實。職是之故。設單純從生計上觀察。有相當方法以救濟貧民婢女之痛苦。自不能遂行根本推翻。吾亦承認之。（此次北五省饑荒婦女每日件往往賣價致元者即此足見生計展迫之影響何者）此其足資研究一也。

（二）從習慣上觀察。香港富戶之蓄婢。設律以人道主義研究之可也。故吾今茲之所欲一問者。則習慣上富戶蓄婢之目的若何耳。質言之。即富戶蓄婢。是否單純以圖得比較的廉價勞工為目的的。西別有其他圖企。如是而已。以勝婢者必有所謂中人以為之介紹。凡勝婢者立間。雙方面經同意。則由賣女者立間。及媒與人作幸等事。並由中人以為之介紹。幫明專後任買主得喚。所謂三面言明。二家允背。則契約亦於是時解除。作為照子。若香港則又微有不同。丙女者往什寫一趟帖。而買者亦恒以育女呼之。善欲避免官廳之干涉也。此其大較也。是習慣上之婢女。實

廿五

不過有契約之勞工。凡徵諸事實。貧家女子擇壻之難。恆不若富室蓄婢嫁人之易。其一轉瞬而作官太作國委者○蓋比此焉。剏普通嫁婢。必須得婢之自願。以視所謂○婚嫁不自專之盲婚。世人之待婢女。尤往往厚於自待其子女。是就此點而言。蓄婢者既非藉此漁色。又非藉以換錢。(即非以之作娼及轉賣與娼家)而待遇之優。與該婢前途希望之餙。又豈特之有故。吾見有奇貨居之者矣。此之云。吾見有優童畜之者矣。寶令圖得比較的廉值的貨女。非吾之武斷也。香港慣作後機之婦女。方其以廉值購買貧家女子也。名義上則曰蓄婢曰女。○方以為阿母愛我。富戶蓄婢之目的。寶令圖得比較的廉值購買之者矣。○此固無不可。而又何疑焉。雖然。此特道德問題則然耳。設不幸而此絕對無抵抗能力之貧女。而竟入於市儈懸儈之手。則上貨倉而已。盛其衣餙。美其姿容。(亦有不美者術有老工者則改澁之此中黑幕筆難盡描)敎之讀書識字而不知已隨其彈唱中。上焉者則淪為娼家之婢。而不敎之彈琴度曲。在無知女子。遍諸永巷之生涯。下焉者則淪為娼家之婢。無異地獄之變相。(尤以迫作私娼為多)彼倒中人之所謂擦花者更無論矣。(省港澳固控有所謂擦花一流人即近日茶樓度曲者亦間多由內地購買而來蓋本少利重故若輩咸視為發財捷徑然因此業營私娼者亦間有之矣)即以正當買作婢女者言之。港例

雖不得虐待婢女。然平中稔見虐待婢女之案。仍數見不解也。自來少發見之罪犯。恆較已發見者為多。則虐待婢女之慘風。是否有潛移黙化之望。又其無傷費調者矣。○彈是而談。吾人平心論事。敢謂購婢者固大多數以圖得廉值勞工為目的。而假購婢之名。以行其種種不道德之寶者。亦決不能謂為絕無。(虐待婢女亦不乏種種不道德嗟嗟。雖無父母。雖無子女。則我人對此可哀可憐之貧女。為防微杜漸計。為補偏救弊計。其不可不預謀所以善處之道也亦宜矣。此其足資研究二也。某於上進理由。已近日貧民生計之困難。既不能蔡其賣女。而其不能絕無流弊。又無可諱言。吾人立論。當為多數貧民設想。富人之便與否。原屬不成問題。(因富人不歸婢仍有救濟方法以近來社會而論祗患無錢坐輜決不患有坐輜資格而無人背抬此固無患吾人代為之慮也)然則如之何而可。揆諸昨日某君來函。(某君署名為求人難幸福茶原與已登報)則主張易買賣為僱傭。照現時香港所定住年婢女辦法。此亦未始非救濟之一道。(某君謂中國法律禁買賣人口歸婢寶為法所不許鄙慈以為凡文明國無不禁買賣人口但對於上既有買賣之婢不妨稍予變通)然於此仍有疑問。一則現時已買之婢。是否賣令一律解除契約。二則賣女者或急欲得一輕款。羽毛豐事業。則奈何。三則婢女父母。未必皆在港居住。

「近日內地多有挈女來港賣與人家作婢者）如是則照料
。且一旦失業。以彼數齡幼女。又將安適。故解放主義
。吾于人道上固絕對贊成。但究事實上辦不到。仍須妥
籌辦法耳。詡又思之。吾中國二千年以前有提倡放奴者
焉。（我國二千年以前已有提倡放奴論其人則林肯不足
專美矣）史稱西漢孝成帝元年。師丹上限田之議。並請
限諸侯王奴婢二百人。列侯公主百八。關內侯吏民三十
人。期盡三年。犯者沒入官。其限鬻奴婢之使用。既定
期三年。則雖尚存奴婢之名。而奴婢之本質。實已廢除
。蓋得用償傭。期限有定。視今世歐美各國之傭人服
役者。直無所異。語其實際。只若僱傭之關係。直非有
身分之關係也。（今之婢女與古之奴婢不同今主僱之
稱固未廢除也。）此實為吾國廢除婢女僴僂之端矣。吾意
今香港誠能倣其意而變通之。則此苟閒婢長權雄之婢女
問題。自迎刃而解。何也。吾即各國救弊安業會。以調
查該地貧民狀況。多有由市民集合。而隨時發之救濟。亦
範圍。實亦合有慈善情質。香港若於婢女之維持。除官
廳實行保護而外。（如取締虐待婢女即其一端）既設有保

獻議於各界籌君者。

（一）由各界籌設一婢女救濟會。（或名為救濟婢女委員
會蓋由市民委任之也）或即附設於保良局內。以專
責任而利進行。

（二）廢除賣買名目。改為有定期之備僱。由雙方訂定契
約。惟女子未達成年時期。須得其父母或管理人同
意。

（三）凡准用婢女須赴救濟會注冊。俾待隨時稽查。

（四）婢女服務期限。定為五年。（或不止五年可從長計
議定一適中辦法）祇供烹飪洒掃之役。不得轉賣（即
將該婢讓予別人）及虐待。

（五）婢女服務期限已滿。由其父母或管理人領回。如父
母或管理人因特別故障。不能親到領回。則交救濟
會委為保護。

（六）以前所忌之婢。無論是否買來。省須一律照此辦法
。改訂有定期之備僱。但如該婢年齡已長者。服務
期限須酌量減少。

（七）經持習出谷界推舉職員主持。須隨時調查婢女情形
。籌商救濟方法。呈准官廳辦理。

以上各條。不過舉其大略。然一轉移間。不特於貧民與
富戶之雙方。可以發聾逆瞶。
（保良局範圍屬廣原非專為保護婢女而設惟官
廳對於被主人虐待之婢女則撥往該局而已）故吾今所欲
似亦不無商榷之餘地。或曰。此法誠善。但港例詢於求

成年幼齒之受傭於各工廠者。且有取締。訴諸法律。是
否可行。究屬疑問且。然吾不云乎。吾人立論之主旨。
固以習慣爲根據字。抑港中現時之所謂育女。何嘗非贈
予其名。而買賣其實。本個調查戶口。當道對於婢女之
報告。亦營令居民普作婢女。不必仍書育女矣。與其相
率爲僞。又孰若光明磊落韵子孌通之爲愈也。語曰。婢
去其太甚。以取締爲解放之預備。亦即只根本解決爲最
後之指歸。亦未始非因勢利導之一法也。一得之見。各
界諸君。幸留意焉。

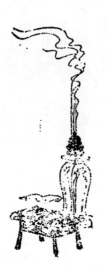

◎輿論第八　婢女維持會問題

華字報

香港婢女問題。昨經各界議決。設一婢女維持會。
此事之進行。此其吾人共喜。可謂不約而同。(見廿六
廿七廿八等日報著)其稍有區別者。吾人對於婢女問題
。原主張廢除買賣名目。而易之以有期限之僱傭。由雙方
自由締結契約。因設救濟會。奉行註冊辦法。擧婢猶(猶
著稱救濟會)原旨已。同易名目。有期限之僱傭。由雙方
自由締結契約。因設救濟會。奉行註冊辦法。擧婢猶而
。則似偏有若何之解放之事偏而自。而
日昨行於本會議。爲於婢女問題之自身。則偏有若何之解
決。開房爲議。一部十七更。究從何處說起。似尚有若何之解
非疑問。職是之故。吾今所欲與各界諸君議。既已決定將
決。此將於保良局外保有獨立之性質。其將認爲係
保良局之附設機關耶。抑將由民辦耶。其將認爲係
持會之設。其將附設於保良局。然於此有一先決問題焉。維
婢女維持會附設於保良局。然於此有一先決問題焉。維
(一)婢持會之組織若何。吾今所欲與各界諸君議。既已決定將
耶。如建造之圖式。然後工程之實施。必先有一定之圖式。
始有正確之標準。此固理之至易明者也。夫以保良局而
論。固官民合組之機關。此將由官辦耶。抑亦含有慈善意味之一種公共
事業也。持此以例婢女維持會。吾以爲婢女維持會意味之一種公共
義謀保障。凡我華人。男常訴諸良心。認爲個人唯一之
日時勢之所需要。爲一般貧苦女子謀安全。即爲人道主

義務。不獨絕對無可逃避。實亦與慈善事業之擔任與否。儻有倡商餘地者不同。故維持會之組織。吾以為尋常由工商各界各社團各推舉代表。指定地點。先組一籌備會。對於進行辦法。切實研究。務達最後目的而後已。庶前途希望。或終有如願以償之一日。否則一曝十寒。昨日之所議。坐而言者已難望其起而行。其或正負兩方。而之爭持。尚未能表示一致。同此維持會。甲以為急務。而乙則主綏圖。此認為必要。而彼則曰無謂。欲其有濟。不幾戞戞乎其難耶。總之維持會組織之第一步。即在決定辦法。此事非易逆觀。以為之籌備。而促其進行。則成效何若。亦正未易明。何以和衷共濟。何以相與有成。是在我各界諸君之能否推誠相見而已。此其而當注意一也。

（二）維持會之目的若何。凡一機關一切團體之組織。必有其最後之目的。亦必有達此最後目的之計畫。否則無舵之舟。南轅北轍。其無當又何待言。今婢女維持會之目的何在乎。據昨報載。則謂維持會之設。固將以輔助保良局之進行。是繼保良局設立之初旨。原為良家婦女被誘拐者而設。其職務範圍。初不限於保護婢女之一端。且其所謂保護婢女云云。亦不過對於官廳撥來之婢女。（如被主人虐待經官判決發交該局者之類）為之安置。如是而已。此外即

不聞有若何方法。以撥助此數萬可憐之婢女。而減輕其痛苦。揆諸公等組織維持會之本懷。其必閟然不足可知也。況維持二字。亦嘗經一定之界線。主張實行解放亦維持。主張質行解放亦維持。主張對於購買婢女者實力干涉固維持。主張對於虐待婢女者實力干涉亦維持。則界線之維持之所宜確定審矣。吾人對於虐待婢女者易買賣為僱傭。誠以根本解放。警諸社會主義之言均財。固為多數人所歡迎。然究其實亦不過壁大喉唱高調。衹要講得好聽。嘗管惠思嘅而已。而不知飢民肚內已造反。則亦屢思嘅而已。故吾人以為天下事當家其平易可行。誠如吾人之主張。則維持會由維持會主之。約有數端。（一）凡蓄婢者皆須註冊。其事由維持會主之。約有數僱用婢女者。須有一定期限。或三年。或五年。由雙方自由訂約。期滿交回該婢父母。不得轉賣。（即將契約轉賣）及嫁與別人。（擇配一層如得該婢父母同意為減輕貧民婚嫁負累計似亦無妨變通）註冊時必須一一聲明。（三）凡關於婢女僱傭事件之爭執。如雙方不願涉訟。得由維持會調處之。（四）居民有虐待婢女者。維持會得干涉之。並得受理該婢或其父母之伸訴。（五）維持會須組織調查委員會。隨時調查婢女狀況。報告公眾。伸得設法補救。（六）前項調查。如發見有虐待婢女者當即實行干涉。（七）街坊如見有虐待婢女。而報告於維持會者。

維持會不得拒絕之。（即誇之不理）（八）維持會附設女子
貧民生計會。除對於被主人虐待之婢女。
並予一般貧家女子以相當之援助。（此為
根本解決之最要方法否則空談無補）（九）關於婢女事件
有不服維持會之調處者。得由維持會呈請官廳核辦。（此為
（或由原告自行依法起訴因必如此始足以昭折服）（十）婢
女名稱。當由維持會改正之。（古時犯罪入官者稱為奴
婢今飯僱傭自由婢之名目常改）。上述十端。不過舉其概
畧。然誠能見諸事實。則婢女制度。自不廢除而廢除。
亦未始非千慮之一得也。此其兩常注意者二也。
要之茲事體大。討論自不厭求詳。語曰。集思廣益。管
見所及。願與各界諸君一商榷之。

●輿論第九

△研究婢女問題　總商會報大主筆先生文几敝者連日見
報紙藏錄有倡議防範虐待婢女會有倡議禁絕婢女會各樹
一幟各有宗旨鄙人細心參詳之似乎兩方面均合情理也蓋
禁絕婢女維持人道此本一片婆心人所共知但惜乎不合時
不合地不能行於中國之今日亦不能行於隣近中國內地之
香港耳中國地廣而蒼民多而婦窮鄉僻壞之人一身衣食自
顧不遑故所生兒女多有無奈將兒女出洴與人則此風或可
稍殺此凡事必要從根本上着手欲禁絕婢女除是乎男婦女
願內政與教育與工業礦務教育與種植使國富民豐人人能有
育有女之資格屆時自然無將見女出賣不禁自絕若不
其本而齊其末只知禁婢女面不知增其利
而先見其害常常何以故門其夫婦人作牛馬得生人賣此賤役
按其夫婦夫婦作店其夫亦壓在禁草之列但今求門有倡議
亦聊開張富押店取八月且三分之厚亦是損人金已蒙劉窮
民若言蓄婢此人道謂此屆在押當店一
禁草束縛與當押店實亦迫於時勢無可如何猶之曰下不能
禁婢女同一比例到至於婢女自幼時勢出沽與人賣此外國常
約十年至十八九歲之時遣嫁至嫁後便仍可與其親生父母
如常往來倘好命生成嫁得一席豐腹厚者作姨太寵擅專房

柏羅遍體珠鎖滿頭正一生吃着不盡更生得一好行並享晚
年厚福以視蓬門貧女嫁一賣菜傭或農夫子雖作正室娶朝
夕耕田割草猶者其甘苦有天淵之別即未嫁之前該婢之
親生父母亦可于年中三兩次到探其女且若在遠方師來主
人俾要補回盤腳與其父母者其餘各樣習慣經詳於劉君錄
伯演說詞中玆不再贅似此貧利多而害少縱有少數之無敎
青主婦將婢女虐待者吾儕總可憫設一防範虐待婢女會以
匡保良局之不逮　諸君若賤歸論者謂早到華商總會報
名入會可也敬佇　貴報刊諸報端傳供新聞資料不勝欣幸
之至僕本一介商人非工文翰今只據經直陳至於筆墨之勞
非所計也並候

穚安

弟賈屏蓀上言七月初九日

十三號菜報載賈屏蓀蓄婢一段，觀解甚多，不得不有以
止之。

◉輿論第十

我亦談談蓄婢　　平原

（一）「禁絕婢女，慈持人道，此本一片婆心，人所
共知，清不合時，不能行于中國之今日；亦不
能行于婦近甲國內地之香港耳；」云云。此說誠謬，亦不
益既知箝制持人道，一片婆心，即宜投快而起，遠不反
顧，務絕蓄婦之害，而後止。　　　　所謂正英商，不謀其利
，則其道不計其功，固知此者。　　昔歐洲血戰數年，蓄婢之
殺人盈野，流血成河，蹂躪玉地，屠戮人民，舉國隱沉
而不悔。　　究其質，為人運計，雖殺河築也。
風止，所懷往者，僅富人之九牛一毛耳。而關係於人，而
倒行逆施。文過飾非，反復之曰：「不合時。」夫時
格，儸面，世道，人心，不少也。世者，英雄所造也。
苟逭事因循，曉勸顧後，徇于私欲，慄于勢利之坐
視時機之失；則黑奴之蓄，至今仍存。必有林肯，然後有釋放黑奴之時，坐
時，正香港蓄婢末日之候。愚以爲今日之
發起于外，而居留當道，良心不昧，提挈於上。既友邦君子，主持人道，
只本良心所安，據事敷陳，不藏小利，而忘遠害。吾人
使

當事者，知所適從：則蓄婢之禁，可立而待。否則黃河之清，端在幾時。願黃君有以告我。蓋爲則合時，不爲則不合時，實在人謀。

竊思鄰近中國內地，而號稱文化，輪軌交通，歐亞往來之樞紐，孰有過于港地，以爲從違也。

即以蚊患而論，中國內地，隨處積水，蚊患獨多，而香港則積水有禁，甚至花瓶，積水，蚊患獨多，而香港則積水有禁，不許積水，否則控之於法，天台破坏，亦叮囑告誡，不許積水，否則控之於法，未聞以我國內地忽視蚊患，而瞻徇不理也。是港地華洋雜處，萬國梯航，覽瞻所在，正宜端示吾人之旨趣，甘作弊俗之辯護，而塞止內地觀感刷新之趨向乎。

（二）「倘能將兒女出沽與人，則此風或可稍減。」

一地，尚且如此，其他可知。、實業如此，教育何如？故今日我國政府縱不良，而直省人民，猶非昔比，不必慮及港地廢止蓄婢，而於內地生計有窒碍也。更不必俟內地先盡蓄婢，然後起而效之，亦不必以蓄婢之風爲調濟社會經濟，而令人肉麻也。吾聞居此有爲之地，正宜一乘良心，立斷蕩萬；否則以蓄婢之廢爲祭自港地樹之風聲，反生窒碍，不可不深長思也。否則此風不絕，儲僱維艱，

（二）「稻夫平夫笛押」此較者一爲工業問題；與蓄婢之不同，安能強以作襯。彼勞動雖甘辛苦，然行止自由，作惻隨意，不能彌令以從人，迥非蓄女可同日語也。

業問題，與蓄婢之不同；黃君乃僻之蓄婢之列，亦可謂獨開生面矣。然彼等多爲富人，正如蓄婢者，施施然自謂爲慈善之事，調劑社會之經濟，而不覺厚取我人也。既知其不羈，彼亦以爲樂，而勞動神聖，斷難施以壓力，作惻隨意，急相通，以水求利，而不覺厚取我人也。不能謂不爲之餂餅，此恐之所大惑，而不得不駁正之也。

（三）「嫁得一屆豐厚者作姨太；寵擯專房；綺羅遍體；珠鑽滿頭；以視選門貧女，嫁一賣菜傭，或農夫子，雖作正室，要朝少耕田，劚草飲猪者，其甘苦有天淵之別。」

療指者曰：「汝有目疾，乃不急治。顧乃計及于指乎？不知日疾非不常治。然一方療指，一方治目，亦適逢其時。蓄婢之廢，非停止他善而不進行也。遇有廢止者，不可錯過耳。一，當漸舉行！豺病症不一，常漸療治也。

問題，斷難拉扯入蓄婢一路，以爲之辯護。蓋善政不一，當漸舉行！

「除是有斧柯者，整憑內政，與教育，與工藝，與礦務，與種植，使國富民怨。」此兩說皆社會經濟之經濟與教育，與工藝，與礦務，乎？

海關佈告寶業狀況，較一九一九年多四百餘處。申江一九二零年，上海

此種口吻，恰似村嫗貪賂誣騙小娃，作腰老翁着，骨瘦肉麻，大姐銅臭薰心，幾不知人間有羞恥事！故大書特書，以登報上，愚惑一般見利不見義者。雖然，吾敢信港中明達之士，斷不爲此荒言所亂，致蔽于所明，然習俗移人，質者不免，又不得不刲正之也。今日世界有勞動神聖，黃君知之乎？稽之於古，神農以耕植開國；后稷播種與周；漢代馮儒，有重農貴粟之論；自是以還，劉宋駱與，豪傑與士，多有出自農人，未聞有輕視而詆譭之者。黃君乃膽大如許，以犯天下之不韙耶？衛青爲牧豬之僕；買臣樵蘇之衆；朱門生餓莩，白屋出公卿，黃君未之聞耶？

生男勿喜女勿悲，君今看女作門楣，此皆人羡楊妃子也。綺羅遍體，珠鑽滿頭，一生吃着不盡，亦祇餘白羅三尺，黃土一坯已耳！故日生於憂患死於安樂，世無百代帝皇，必無千年富貴，諺謂賭鬼看人生是賭見；商人看人生是貿易；富人看人生是金錢；黃君所言，不外如此！團爲朱儒落，不作富人妻，宙人之妻，尚有不願，刻爲娈端？試問黃君，假如有女，亦願先爲婢然後作娈以同諧白首乎？抑一門閉娈，不作使蟑，而後擇一食力之快嬻以同諧白首乎？下一斷語，勿作呀嘔，吾知黃君於此說，不獨不首肯乎？

◉ 輿論第十一

我對於蓄婢之意見　　　愛同

前日黃君屏蓀。在報紙上登載他對于蓄婢意見。一若謂蓄婢。爲今日不能廢者。其中所引論。理田既不充足。又強牽車夫常押二事爲譬喻。其意以爲皇然織論。當傾倒塹乘耳。殊不知職點之多。閱之有令人噴飯者。

鄙人正欲逐一詰問。不料平原君又我詰駁。痛快之極。可知人道主義。漸爲昌明。而腐敗之議論。不入人耳也。

黃君理竭。復登報強論。謂禁蓄婢適足以增植猪花之患。又引蓄婢之所謂坐地數開身數者。可知此翁口吻之村僿。其慣作蓄婢主人。無怪其施爲發出一種紳士派之言論也。

如黃君以洋務編身。不能再辦。則請洗耳以聽。再申論以殺之後。勿作此逋瀾之言也。太平戲院會議之結果。所表決之五種問題。乘所否決。知以答覆英庭。不敢認蓄婢爲犯此五問題。惟據鄙人之所見。不敢謂所有蓄婢者。絕無犯此五問題之一二條也。安可以蓄婢制度。因此敷衍了事。徒創設一防範虐婢會。便將此

制度。不為打破也。無論如何。蓄婢制度。在我國人視之。是否立于被動地位。亦常早日廢除。蓋蓄婢之患。誠不僅在于虐待而已。將來為妓為妾。哲自蓄婢始之。何欲鼓吹人道主義之下。決不容有蓄婢之制。且如楊君少泉所提議。謂為婢者之人格。剝奪已盡。為人妾所生之子。又不能與嫡子享平等之人格。故間接視之。謂為減低中國國民之人格。亦無不可。凡此種種。喪失人格。莫不自蓄婢之制。故欲鼓吹平等主義之下。決不能再有蓄婢之制。為蓄婢辯護者如黃君。謂窮民迫于生計。不得已為此。一旦禁蓄。此輩己蓄之婢女。如何安插。且人人不蓄。則彼輩必迫而鬻之于槽猪女子者。適足以增共患。斯言可謂為洋務之論。誠無辯護之價值。蓋今之蓄婢者。就信其不日日毒打。然其主義。不過欲蓄之以服侍其嬌妻美妾。與小姐阿官。裝烟倒水。謂其稍可維持貧民之生計者。減少槽猪花之購買。至絕對不能。請問蓄婢制未議廢以前。貧民是否日日增多。槽猪花事業。無人為耶。而自鬻女一方面視之。又豈省異無衣無食乎。地方上為此貧女子謀教育。亦平民與社會常負之責任也。乃港地為中外觀瞻所在。不先謀解決之法。法甚多。即使與生計有關。然所以謀救濟之方。而徒曰無如內地生計何。可謂不揣其本。而齊其末。

今結果只設一防範虐婢會之組織。正等防範。誠如謂。不知從何處防範。蓋蓄婢者。類皆紳富之流。商樓大廈。虛設。謂婢女為偷食者打之。何人得而見。得而聞。不知有千萬人虐待。只有一二起為人所知也。毆人以吾目擊者言之。吾友家中多蓄幼婢之有一嬌兒跌倒大哭。其主婦遷怒各婢乃嬌兒跌倒大哭。以止兒哭。又各婢屈伏椅底若干時以引兒笑。此等虐法。不致如跪局盆蓋。血痕之慘。然亦不能為非虐待。請問日介紹人以入防範虐婢會。又如何入富家防範自己之愛妾之為愈也。不若回家防範自己之愛妾之為愈也。防範會之職員。意謂父母能行探。則主人不致虐待。不知骨肉晚忽分離。除非將其女打至絕氣。方敢過問。至撻之賤之。以順阿官之歡喜。則其生父母。非日隨其後。何得而止之也。晚不應有蓄婢制。則此種種問題也。況謂其坐地。所謂開身。晚不應有蓄婢制。所謂坐地。雖無明文。而賣買人口。向有例禁。地方人士。果為人道人格計。有女欲鬻者。極力鼓吹。使蓄婢者自知為謀所以解放。從今日止。而一方面極力遍設女子職業學校。務使蓄婢之制。推廣女子職工。遇有父母欲鬻其女者。設活阻止維持。遇有販賣人口及槽猪花等事。懸賞揭發。呈區

定罪。使之不敢亂作亂為。至如當押與車夫。其害雖不若蓄婢之慘。將來工業發達。車夫自減少。平民有生計。當押自不設。此省題外之題。請黃先生勿過慮焉。噫。今之蓄婢者。大抵皆官僚紳富。以萬惡之金錢。便引誘貧者鬻其子女。而欲望得輩官僚富紳。之希冀其俱禁蓄妾。安能後其同意也。而時機既動。來必能連到目的。此反對蓄婢會之不能緩設也。

● 輿論第十二

評明伯恒之論蓄婢

慕法

（上略）自數十年前，中國交通未開，窮鄉僻壤，多有溺女之風，後經有心人設育嬰堂以收之，此風稍減。迨後交通日廣，而育嬰堂收養嬰女，亦日見其少。

就上所言，則現目中國內地之交通未開者，溺女之風必必矣。然證諸事實，適見其反，胡君不信，試一遊所謂窮鄉僻壤之地，於有女者之百人中，能證出所生女孩之多數被溺者乎？設不能，則胡君之發言，太不假思索矣。

是知為婢為妓，雖為賤業，而比之終世食貧，畢生受苦，則尚無事為婢為妓，先可免目前之苦。胡君之意，欲將內地終世食貧，盡驅至通都大埠為婢為妓，然後快，畢生受苦之女子，猶立論如此，無怪今日未受教育之女子，流為私娼者日見其增也。

況若再稍有姿首，更遇大力者拔而出之生天，旋作富人，固比比皆是。以是而言婢之未易禁也明矣。婢女之稍有姿首者，其人格已盡為有力者所禁錮，無怪胡君謂婢女之不易言禁矣。

且內地連年兵燹，水旱頻仍，其中因賣女而救一家者，尤不可以指數，民國二三年，廣東警廳陳景華，有令婢女一時受人所愚，因藉口騙之逃走往別埠者。風一開，凡有婢者，俾此院收去不少，因立法不善，卒有令婢女教養院之設。當時放婢一事，盛行於羊城，初時此法是人立的，不能因立法不善，明目張胆，間有一二當時革命初定，鄉村之撥勒，遂因噎廢食。然婢女來省，思欲賣身以贖父者。迨到省因放婢一事無人敢買為婢，致母女投生無路，進退無門，因而投海俱盡者，亦有所聞。

胡君豈忍因三數賣身贖父之女，遂大開賣女之風？

使詔齡弱質，無告之女子，畢生受苦乎。若然，則汝所贊成籌設之防範虐待婢女會，無加八之必要矣。

迨景華死後，此院竟隨之而終，以省城之大，敢謂無一善長，有此眼光，可繼景華之志，以昌大此敎養院之設，亦以不揣其本而齊其末，終爲無好效果。

龍濟光苟不以潘君達微爲陳黨，則敎養院經昌大十倍有奇矣。汝何得尚謂無一善長以繼陳景華之志。

此語宜還贈於胡君。

故不如早放此院之爲愈也。舉此以觀，足見禁婢女會，其心則何爲加於婢女也，而在婢女之方面，平日己受富家之養育，如出生天，一旦使而反諸養貧，即婢女本身己非所願，又何況貧民一綫賣女之生路，則間接百凡之生機，將因無而滅絕。

胡君確有意盡賣所有貧女爲婢爲妓，以備富人之摧殘爲快意矣。

蓋貧民萬不得已而賣女。

貧民既有此苦，爲何不揣其本而齊其末。

其賣女也，救一家數口生命者有之，代父母遺一生之債者有之，更或鬻以而得一謀生之路者有之，致賣女之後，俟其長成嫁得一富人，終身有賴，或且提攜其兄

弟姊妹同登袵席者，亦常有所聞。果欲實心加惠貧女，則於防範虐待加之意焉，救其弊，補其偏，己足盡人道之本旨。

欲盡人道之本旨，非革除蓄婢制不爲功。防範虐待云者，特齊其末耳。

其餘枝枝節節而爲之，悉見其庸人自擾，反於婢女之方面無絲毫之實益焉。

胡君能言此，深望胡君能及早覺悟，不然，則此後數語，適足爲自寫耳。（下略）

三六

◉ 輿論第十三

婢女問題之解決

廢除與保留
是非與利害

鑑根

邇者香港有婢女制度應否保存或廢除問題之發生，引起社會之注目與批評，香港一隅之地方人士無論己，即內地與遠方之有心世道者，亦紛紛注目討論之，是可見婢女問題之發生，實非香港一隅之事，而關于全國之事，且關于世界全人類之事也，常此新潮澎湃之秋，（人道主義）實為其爭論焦点，試思政治解放、勞工解放，思想解放，階級解放之聲浪、澎湃一時，即知婢女解放之要求，萬萬不能避免，蓋婢女問題，實今日人類解放與男女平等之運動所必須類推及者也，抑婢女之制度，實世界奴制度廢除後惟我中國僅存之碩果，則香港今日婢制問題之發生，豈偶然哉。

考此次問題之所由生，不在地方之人士，不在地方之政府，而在統轄地方政府遠在萬里外之英國代議士及其公民，而後有香港徵集地方民意之舉，其動機雖爲英國政治上之光榮計，實亦爲全人類之文明計，昧其語氣一斑，蓋惰見平詞矣。

今者覲此問題發生之時期發生不遠，香港之民意街無一致決定之表示，然從表面所見者觀之，則亦一番分保存在婢女制度與一部分廢除婢女制度二主張耳。保存與廢除，二者適成兩相反對之態度也，二者均各有其理由，於是紛歧之辯論以起，是雖未至各走極端，而實不相容納矣。吾人於此，究應持者何之態度以解決之，曰，亦惟有本其各自立論之基礎以定從違耳。

天下事雖有錯綜萬端，吾人決定從違之道只有二，一以利害而定其取舍，一以是非而定其取舍是也。自其表面觀之二者一屬（功利）之問題，一屬（倫理）之問題，自其結果觀之，一而已矣，雖謂之功利也可，謂之倫理也可，然而同時對一事之探取手段，祇能取其一，而結果斯相異。孟子（仁義亦我所欲，熊掌亦我所欲，二者不可得兼，）此之謂也。故吾今貢獻吾見與游移于保存婢制二主張之間者，亦曰君等欲解決此婢女問題，將本利害之見或本是非之見決定之，此以外無所本也。

吾曾總核主張保存婢制，主張廢除婢制兩方面之言論知，其所揭示理由，雖各不止一端，而立論之分點，概不外乎利害與是非耳。故今茲婢制問題之解決，正無容斷斷爲枝葉上之爭辯，只間吾人心目中解決此問題之態度，取利害的見，抑是非的見，則本早已不成問題，利害的與是非的扶擇，時至今日，便可一言立決矣、，蓋倫理學課，與體督身科目中，既昭示吾人，而社會

三七

公意，亦早經承認同一之趨向矣。雖幌近學說，（樂利派）（實驗派）之主張，而樂利派泰斗之邊沁氏，以計最苦樂，定行爲之進止，爲人生最要之本務，蓋其說謂，苦樂之量有大小，取大樂去小樂者謂之善，取小樂去大樂者謂之惡，夫兩利相權取其重，兩害相權取其輕，此人顧之公性也，而尋常寡識之流；往往認大爲小，認小爲大，遂致爲小利害所貽誤，而人治遂日以不進，登不悲哉。

試執此說以繩利害是非之當熟擇，則其結果亦無以異乎前人，抑且明示何故當探探是非之心，與鴆藥利害之見矣。吾人於此，更可謂（是非亦即利害）究竟，利者恆歸于非，此歷史久已昭彰，正無俟吾人之喋喋，是是非爲利害之因，而利害乃是非之果，非之泉，不計是非而祇願其利害，猶差種因而欲收其果也，嗚乎可，反之苟不計其利害，祇願其是非，則更可謂，自循因果律而顯。由是言之，則天下事之抉擇，只有是非，而無利害，誠以目前所見之利害，非真正之利害，懼隨是非而生耳。

凡人情莫不愛是而惡非，亦莫不求利而遠害，故是非利害之見所蔽，乃不明因果之律，爲利害之見所蔽，是非之心徒存，至將愈求利而利愈遠，愈遠害而害愈近，此皆由顛倒誤謬爲之。所以邊沁有滔者皆坐不善計算之歎，遂使後人有（世間本無賢不肖，只有智愚）之感。嗚乎，世之因利害二字而誤事誤節，身敗名裂者，有史以來，何可勝計，吾願今之人，稍一留意及此，毋蹈古人之覆轍也可。

今者婢女問題之爭論，其雙方意見之歧異，純是一因是非之見而出此，一則因利害之見而出彼，則唯一正當解決之方法，常舍利害之見，要之以公私之界限比之，以一日今日爭持之所謂利害，將來必適得其反。雖然，是非二字之標準，亦良難言，則庶乎可矣。

更有諉良知爲不足靠者，則莫如以自己所受之教育與吾人今日所處之時世，一衡吾之主張，果否訴合無件，書者蓄奴之制，盛稱文明之邦，亦曾放任行之，豈以希臘大哲拍拉圖之賢，猶未覺悟，知識猶是因襲，以是時之人類之良心，猶未覺悟，知識猶是因襲，則粉粉以放奴之政開矣。然及至近世紀人權學派之說倡，舉且目之爲野蠻，而動遺傳。誠以是時之人心，仁人義士之公憤，間有一部分未實行者，故此不容于萬國之醜制。猶當獨培植于中國耶，顧有識例。今者瞻顧列邦，大與撻伐之師、南北美之戰，廓清宿習，即其著者其圖之。

再論香港婢女問題

靈根

△是一箇人道問題
△是一回文化運動
△國民人格之試驗
△港人士應大注意

香港婢制問題之發生，經途數月，其始地方人士尚屬注意，發表言論，相互辯難，盛極一時，雖邁見各有出入，而攻錯求真，足見留心社會事業者之尚有人在。曾幾何時，而歇爾疑爾，屆今此問題，一若已煙消雲散，噫嘻，何港人士魄力之薄弱也，何港人士之為德不率也。雖港中特為此問題而集會者。已有二團體，但現在進行何若，尚不聞有所表示，吾人須知茲事體非小，語其廣則關世界人道，語其狹亦繫乎我國國體與個人人格，誠非少數人可以代辦而求圓滿解決者也。且現有之兩會，除反對蓄婢會外，其餘持婢女被虐會，實非對蓄婢制問題，下解決工夫，或且予以窒碍耳。然則反對蓄婢會今後之進行，實關乎此問題之生死者也，留心世道諸君子，曷可不注意之，吾爲此言，不但怪港人士中途啞然無聲，而亦怪乎號稱輿論界者之寂然不聞也。夫輿論界之論列時事，指導民氣，乃其唯一之天職，今若此，其

以無關輕重，不屑注視之乎，抑以爲此屬雞入事，我蓋隔河觀火也。吾恐不然。持因勢利所在，不便率直發言，恐對顯要者獨得失咎耶，否則何以在此問題未趄以前，反間我對之有所主張論列，以自選其智，而在此問題發生以後反緘口若金人之十二也耶。此猶不過爲本港情形論耳，若夫香港以外，號稱主張人道之報，亦未見多論及此。其或眼光尚見不及此，或以爲香港一隅之地，無足關與世界文化人道之大問題耶？嗚呼！苟眞如此，其見亦左矣。予不敏，除曾貢獻「婢女問題之解決」於本報，與「爲婢女問題敬告基督徒」等數篇於教會報外，尤不憚于輿論界之沉寂，特再執筆陳述此次婢女問題與社會前途之重要，爲愛世君子告。

一此問題爲世界人類文明問題之一也，人道之主義，非二十世紀最光明最要緊之趨勢耶，奴隸制度之廢止，曾見于法京柏林之國際會議，黑奴買賣之爭端，曾流南北美十三州戰士之血，是世界之一致承認奴制存在爲人道之大敵者也，今文明各國，人口買賣，列爲禁條，奴隸制度，根本廢止，何我國尚膜恐獨存婢女之制，而公爲主張人道者所許可也。

願或者謂，婢女迥異於奴隸，故與文明各國奴制廢止之也，實無抵觸，蓄婢實爲一種收撫孤苦女孩與救濟貧民之慈善事業，並無背乎人道，故應聽其留存也。噫！

香港蓄婢問題

香港蓄婢問題

為此言者，非狃于一偏之習見，則故為飾詞詭辯者耳。姑無論婢字之原義與奴字等，無可妄別，祇間婢制之成立，是否以買賣為必經之手續，則此無聊之辯，已可立決。若更謂蓄婢為慈善事業，則天下之慈善事業，將皆可化為罪惡，夫以買賣人口，役使牢民，尚曰「非奴隸制，」乘人困難，以廉價易人子女，奪人自由，尚曰其自由，」尚曰「慈善事業，」則天下之至惡至醜者，非成是，全國靡然，夫又登止香港一隅之地已哉。誠然，則香港今日之婢問題，不特為中國問題，亦且為世界問題，論者烏得以域限而小之。

二）廢除婢制之運動，為文化之運動也，自新思潮起，文化運動之聲浪，日益高呼，著改造社會問題，若提倡世界和平問題，若謀世界種族平等問題，當必以是為嚆矢。蓋國內各處廢除婢制之呼聲雖難不弱，而國民性自由問題，皆以人道主義為其焦點。若夫婦女解放之議論，則又為諸問題之先決問題也。婢女制度，既為人道的世界的問題如上述，而又為婦女解放問題之一部分，是吾人寧甘自視為文化外之動物與蠢然無知之野蠻族類則已，否則文化運動崛起以來，吾焉可自暴自棄哉，吾國慨自三年前北京學生五四運動崛起以來，其勢如春

四七

筆恕發，其盧者展蔚雲蒸，實開千古來未有之奇局，顧黑海中一線之光明，前仆後繼，以實現其主張。顧港地號稱得文明身絞腦，乃汲汲無閒，反甘落他人後，雖港地為吾華人寄身居停，而團體性與義務之觀念，缺乏若此，求免存為憾事，是亦一般自稱先知先覺者，對全民族之羞矣。然而艱境困人，猶可告罪，若夫熟視婢女問題之一事，為香港絕無僅有之唯一文化運動，無一具有此項資格者，故曰，香港向無文化運動，有之則將自此次婢女問題始，則起自彼英眾議院之質問，常局者對此必求解答，其勢猶矢在弦上，不得不發，故曰，機會常前，不特此也，吾人此次運動，苟獲成功，即全國解放婢女制之實現，而國內各處廢除婢制之呼聲，懷疑人類之真實牢福者仍強，是又可比較而知婢制之廢除，香港較諸國內為易易，吾人可一鼓而擢之，為香港唯一文化運動之機會，此可為知者道，打破婢女制度，為香港有志之士，奔走呼號，而不獲成功者，故曰，婢女制度，為旁觀者言。然耶否耶，吾將以質諸熱心文化運動，不足為旁觀者言。然耶否耶，吾將以質諸熱心文化運

三，此問題實爲旅港國民人格之試金石也。香港爲南方巨塵，大腹賈實集中其地。一般人膒肥腦滿。但知設計贏錢。即挾筴求學者。亦無非以讓愛皮西提（ABC）爲前提。以得「買辦」「寫字」爲目的。論者至目諸制度爲商業化的。爲買賣式的。毫無文化上價值之足言。視外力範圍爲世外桃源。亦不知國家爲何物。以是之故。國內有志之士。來相普接者。恆寄鄙視之心。以嗚呼。此等旣視人格之論調若此。果旅港人士苟欲洗此人格是乎。無亦風氣爲之轉化耳。吾謂港人士苟欲洗此人格之恥。非圖振奮有爲。稍窮乘其業服時間。注意於社會事業效力文化運動。以與國內諸賢俊岡一步調。互通消息不可。振奮之道奈何。今日之婢女問題。當前之問求勝利而已。今日之婢女問題。當前之問題也。人道之問題也。文化運動之中心點也。吾人極當利用團結力以效者。其他文化運動種種。亦可作一例看。吾故期今茲措諸肩。證諸腦。循正義以求正富之解決。犯大難以履婢制廢除與保存之問題也。實旅港國人人格之試行人生之義務。或集會結社以婢制廢除與保存之問題也。實旅港國人人格之試期實徹。此則不特千數百年來婢女虐制之幸得解除。見孺子將入井而不救。人者得譏之曰「無人」乎。蓋反對蓄國內卅餘行省之惡習。亦因之被搖也。是則大國民對世婢制廢除與保存之問題也。實旅港國人人格之試界對國家之責任。成全自我實現之人格。禁醒醉昏生夢死我。我方寸天良問。豈能熟告無婢乎。同胞同胞。幸清者之羅夢。其功正屬無量。又登止區區涎雪被誣之辱己夜只思之。哉。不然者。智故偸安。視公益金等耳逆風。視金錢外抑吾猶不能已于言者。港人反對業主加租。如是踢

吾知其不然。旅居香港之國人。猶國內各總之兩人也。不過以地方風氣習慣所拘。至雖有善者弥其能擧盂國人來此目的。不過問舍求田而止。他非所顧與卹。苟得一部分特達之士。被顯而出然此世患無人提倡耳。森亦猶人。不觀乎年來工圖之乘時曰起。則飛而食肉。森亦猶人。不觀乎年來工圖之乘時曰起。則飛而食肉。森亦猶人。不觀乎年來工圖之乘時曰起。則飛而食肉。苟得一部分特達之士。一任其自生自滅。視其事者痛癢不相關。則社會麻木不亡之態度。已足徵實。雖人不謂不加注意。一任其自生自滅。視其事者痛癢既已成立矣。則提倡前行者。不可謂無人。苟婢求心壇仍不加注意。一任其自生自滅。視其事者痛癢事爲無足輕重。徒知蓄奮耳蓄養者。則正義廉恥國內通人之睡屍。亦已每一生于病登衆。譽何榮養之可尚哉。廣州之賭鵩已消。上海之娼祭巳始。功于廣州之「拒賭會」。與上海之「廢娼會。」吾香港居民稱數十萬。登無能繼廣州上海而起。以建白一事于全國者耶

香港蓄婢問題

四一

躋。而反對違背人道主義。遺羞國體。有傷國家種族命
脉之蓄婢制。乃如是其冷淡。不自暴露其勇于有利益之
事。而怯于負義務之事的劣性耶。嗚呼。是亦不己矣。
且背先爲我國千萬之無辜受虐之少女—婢女鳴不平者。
彼非我先爲我國類之外國人。則不特視吾
我人本自爲同族之種破。
手旁觀之不理耶。此情若爲彼外國人爲牛馬奴隸。甚反袖
中國人爲野蠻種類。亦且無怪乎視我中國人爲牛馬奴隸
矣。蓋我于同族之中。尚自視一部分寵受接助而不幸之女
兒爲牛馬奴隸。則彼只其道遠諸吾人。又爲不可。先民
有言。「人必自侮。而後人侮之。國必自伐。而後人伐
之」吾人正日歐與鬥貴彼外國人之野心侵略吾驅土。強
權凌辱我國人。又焉知我自待種族之非人道的
…態度表現。以招致其端哉。若夫主張保存的非合理的
非不知此也。觀太平戲院會議時。有人偽告日聲婢女校
虐之情形者。而即受他人所制止。謂其一不應將是種情形
。當塲宣布。致爲外人所評夷護侮。（見各報當日紀載）
惜其徒知提飾彌縫。以存國體。不知去火抽薪。以自絕
其令人見偽之道。亦多見其作偽必勞日拙耳。

總之今日之香港婢女問題。爲旅港國人所當速求解
決者。不能以身外事視之。廢除婢制。即所以表現人格
無缺者。廢除婢制。即所以保全國體。廢除婢制。即所以
間接救國。苟吾人不甘自外生成而已。否則慎勿河漢斯

言。

輿論第十五

◉ 防範虐婢會與反對蓄婢會　　廢五

世界潮流。漸趨向於社會主義。將見人類平等。孰爲主
奴。莫由分辨。而所謂富貴人家。早已等豬無何有之鄉
矣。更誰爲蓄婢者。防範虐婢會。無乃矯頸
主義。現正萌動。他日結果時之若何禍樂。達其所止。吾
反對蓄婢會。無乃多事乎。雖然。此迂論也。社會
人賤身現社會。亦誰有盡厭大職。培養其萌芽。而
流相週旋而已。是則二會之是非。又惡容已於論列哉。吾
彼日蓄婢習慣也。是則二會之是非。又惡容已於論列哉。是
是不嘗亦絲毫持虐婢習慣。而防
簡其農婢習慣也。若日保留其蓄婢習慣。而防
範虐婢會者。非所謂富厚家耶。甲何等權力。而
能整整防範之功也。無亦助長虐婢之習慣已耳。閱者疑
吾言乎。請婢吾說。夫蓄婢者非所謂富厚家耶。距
之。蠢在其我。固無虐他人之干涉。距料物極則返。竟
來外人之責言。乃不得已而立此會。以爲掩耳盜鈴之計

○若可戲尤可鄙也。○為問發起此會之諸君。曾亦知加入此會為會員者。多是蓄婢之人乎。則難勉有虐婢者。可斷言也。○若謂既成其虐婢習慣。仍習其所慣。致或被發覺。將振振有辭曰。吾恐若雖異日。○何至爾爾。人亦曰。必不然也。○彼某會會員告之蓄婢女。更深墮一屑地獄矣。可哀也夫。孟子曰。如知其主義斯即已知。非然者。無需多加二字。○謂為防範虐婢發覺會之為愈也。○養儔庭優。顧指氣使。○人非至愚。暗不欲者。而反對蓄婢會諸君。○是君等之愚也。荀諸君為良心所驅使。不忍苟同。亦○處茲惡濁。改此會為不蓄婢會。待對之謂也。○各行其是可矣。且反對云者。○金錢萬能。何之不可。吾願諸君。○破除此見。從片面進行。而可憐蓄婢會為不蓄婢會。○鑑彼醜形。○或令他有覺悟。合言公理。何之不可。吾願諸之婢女。○受賜已多矣。而必從反對着力。則是諸君沾名。○市此不可必之恩也。○對蓄婢會為多事也。

●輿論第十六

解釋廬五先生論反對蓄婢會之誤會

後雨

日昨拜讀廬五先生評論防範虐婢會與反對蓄婢會之大文章。登於大光報十月三號之第一版。甚服先生評論防範之章。是助長虐婢。是掩耳盜鈴計。是防範虐婢之發覺。透澈陳詞。如陳鏡高。洞矚心肺。如溫嶠之燃犀。福照怪異。詞嚴義正。足令聞者縶碎唾壺。然鄙人不能已於言者。防範之盧。正宜不讓批茶專美於前。協同反對蓄婢。繼持人道主義。大發偉論。喚醒人心。不動一指。轉謂反對蓄婢會為此污點。登宜徒作壁上觀。使婢女早脫苦坑。為中華民國洒此污點。夫反對者。是對待之謂。似是誤會之意味矣。夫反對者。有人於此。即絕對不贊成之意也。乙必有以對待之。吾必有以對敵之。此對待之意義也。比如社會上聚議。甲所提議。乙不附和。則曰吾反對此提議。此反對之意也。待對則舍有對敵之意味矣。即以不蓄婢為提倡。鑑彼醜形。或令他有覺悟矣。即富者放婢之不蓄婢者。已居少數。彼貧者固無論矣。不蓄。登慮人之不知。而竟能感人覺悟者幾何。彼亦徒

笑其放婢與不蓄婢者之不知享福。不謂素富貴行乎富貴
耳。覺悟乎何有。況廢五先生亦知此為未能從根本解決
之法。則何者為根本解決之法矣。當兩籌之矣。而廢五先生又謂為沽名之
法。何能多受賜乎。此議即非根本解決之
矣。皆為沽名矣。天下尚有可為之事哉。倘林肯本此論
調。獨善其身。則美洲暴奴。至今亦無釋放之日而批荼
之提倡。不幾徒勞無功乎。進而言之。凡一切慈善公益
事業。不以多事沽名哉。鄙不屑為。則天下不幸之人
。尚有望哉。不良之俗倘能改造。雖世之為慈善公益者
。未必盡無沽名釣譽之人也。而詎無沽名釣譽之心者。亦
非無人也。固不容一概抹煞也。況三代之下。惟恐不好
名。即因好名而為慈善公益。能施濟於人。能改革陋俗
。亦愈於放避沽名之嫌。而不動一指也。吾願廢五先生。毋以多
天職。而以嫌沽名為諱飾。作放棄之粉飾。甘為自了之漢。毋
事沽名市恩等名詞。作放棄計也。
以反對意義。作對待解說。而起誤會也。

◉ 興論第十七

四國

答後雨先生之解釋

廢五

辱承解釋。莫名感佩。足下行文。緻邃抑揚擒縱法
。廢五無文。瞠乎欲後。況襞飾邊幅。彌滋愧恧。惟貴
備處似廢未當。不得不獨為答復。以作解釋之解釋。再
釋反對與對待之意義焉。吾附
人論事。祇本良知。敢聞命矣。知罪固無所容心於其間也。然吾猶有疑焉。足下解
釋反對與對待之意義焉。吾附
之也。議論提議。反對與贊成者。將立於對待地位。贊成與反對省不成問
題。若敗決者有所不服。須另提議案。要請複決。似此
便疑含有對待之意義。不特此也。設有人焉。亦集其
所私。立一贊成蓄婢會之絕對對待團
體。則反對蓄婢會將將何以處之。甯空言不贊成之而已乎
。抑謀所以對待之乎。此反對疑即含有對待之解釋。夫人之欲善。誰
此吾之所疑者。願足下再有以解釋之。夫人之欲善。誰
不如我。誠能勤物。何況於人。他人之覺悟與否。視吾
人之能誠與否耳。若必其無覺悟之一日。足下之言激矣
。婢女制之應革。稍有人心。無不贊成之者。惟事體重
大。非有漏底根本辦法。未易圖功。善之謂為吾能從根
本解決者。非徒對吾所言而言也。亦覺對反對蓄婢會而

言也。議會之所謂根本辦法。亦猶揚湯止沸之法耳。施諸香港一隅。猶不能收其全效。而謂能從根本革除中國之婢女制。抑何若是其易易也。若以禁賭博鴉片極足等比其難易。相去直不可以道理計。且烟賭之禁。久。尚未能根本肅清。其更難者可知矣。為時已。或知其難而妄為之。皆無濟也。苟不知其難而妄為之。其更難者可知矣。今之反對蓄婢者。謂為多事沽名市恩。已忠厚已矣。若謂如吾論調。等於放棄。則天下事何不可為者。林肯批茶。不猶是耶。至以吾為壁上觀。為放棄天職。為自了漢者。而可其所當可。使盡人皆能不其所當不。不獨登歟。廢五難矣。亦皆服役於社會。計逾十載矣。學苦趣。寶備管之。雖不言勢。竊足自怨。所犹心者。簡中術荒陋。筆鈍如帚。對於國家社會利弊。不能多所論列耳。惟恃口舌辯論。二十餘年如一日。未嘗或餒。以自勉。吾之為壁上觀。為放棄。為自了漢者。亦祇不屑作權利之爭。及無意識之鬬而已。掩飾云乎哉。抑尤有言者。足下謂無以反對意義。作對待解說。而起與會云云。作對待解說。夫謀會。意見。是以不字為意義。是以不字為。其歸則一。固不能相容。而有所抵觸之謂也。極其量不過分道而馳。斯譏謀會矣。吾請先為誤會之解釋。反對二字作比例。縱使反對與對待之意義為不合。亦祇誤無所言誤會也。非誤會也。足下誤以誤解為誤會。故吾不得已解而已。

為此解釋之解釋也。總而言之。凡對於社會事。勿圖會動一指。便呈得色。須知廟莊顥戶。合力謀之。猶恐不瞻。若妄生意見。是自棄其助也。足下夭人。吾亦以無放棄意見。毋粉飾也。更以毋畏難中止。常見及此足下勉之。吾將驗足下之言行。而觀反對蓄婢會之進行。

◉ 輿論第十八

反對蓄婢之我見

栩然

昨閱廢五君論防範虐婢會與反對蓄婢會之意見。可謂先得我心。然其意義。猶有未盡者。夫反對之者。即兩方面對峙而言。必使其他一方面。有承認此反對而言乎。反對二字之影響。或得其他一方面。有承認此反對之理由。使反對方面。能發表其反對之能力。換言之。即無形之攻擊也。今反對蓄婢會。只係約束其個人不蓄婢矣。吾恐無反對之可言。然則反對之二字。指對於個人不蓄婢乎。是亦吾恐蓄婢者必不以他人之反對與不反對為增損。是亦反對蓄婢者自反對。而蓄婢者自蓄婢矣。反對蓄婢之作用耶。不獨此也。反對蓄婢者。以其為拯救未來之婢女

謝可。以其爲拯救現在之婢女則不可。何則。蓋其宗旨

○只係反對將來蓄婢。而未思及有以保護現在之婢女。此所謂治標忘本者非耶。方今熱心人士。羣起提倡劃除婢制。間或有一二蓄婢之家。恐遭物議。從而轉鬻他人

○一時此買彼賣。更相爲利。而令此可憐無告之婢女。更多受一重折磨。豈非欲以拯拔之者。而反增其罪戾耶。

○且反對蓄婢會。不能阻止其不入會者蓄婢。而蓄婢者欲保存其蓄婢地位。故亦不願加入斯會。是則斯會必集合多數不蓄婢者而設。可斷言矣。既爲不蓄婢之人。則不反對而自反對。又何待入會而始反對耶。入會後亦未有反對之表示。與不入會又何以異。反對蓄婢會諸君

○雖具此熱誠。曾亦知於婢女方面無補耶。試觀諸君自發起斯會以來。港地蓄婢之風。亦未嘗因之稍殺。虐婢之擧。更時有所聞。倘長此依樣葫蘆。未必能收效果。

○婢制問題。當然不能存在。然我國對此風

○沿習已久。恐一旦不易革除。將來或有更飾其名而取巧者。此病終無已時也。鄙意以爲揚湯止沸。不如去火抽薪。

○泉請政府設法嚴行禁止販賣。以杜其木源。一面再會。當先從根本上入手。將斯會改設爲禁止販賣婢女籌如何保護現在之婢女。勿徒爲隔靴搔癢之言。斤斤以此無效力達於劃除不止。

者。

之反對爲事也。

◉ 輿論第十九

告懷疑「反對蓄婢會」者　　靈根

自香港反對蓄婢會組織以來，已逾三月，其實際上進行若何，姑置勿論，而默察社會情形，表同情之者固多，懷疑之輩亦復不少。（懷疑云者，非反對之謂，乃對于該會之組織，有未了解其原意，或對于該會辦法，有未能充分贊成之謂），夫懷疑爲求達眞理之門，一般人具此態度，不遇苟且附和，人云亦云，較之蠹普風氣，純持懷理才義者，其程度進步，何止以尺寸計，是亦社會現象可喜者也。觀諸本報廬五梛然二君之一再授稿，觖足以代表懷疑派之心理，其所云云，堪爲主持反對蓄婢會與其表同情者之切磋，而致進行有當，如此，則載足以代表懷疑派之心理，其所云云，堪爲主持反對蓄婢會同人所感謝之不暇，寧有如廬五君第二次投稿所云，發生意見，以自實其助之意也哉，不佞之對于反對蓄婢會，雖早已加入，然對于假定之種種辦法，懷疑者倘所在多有，然則其地位之一方面，與一般懷疑者，因無以異也。不佞表同情于反對蓄婢之意見，實一

再為論，發表于本報，以為拋磚引玉之導線，引起聰明人士之討議，以其反對蓄婢會之有所探擇，今何幸得廢五栩然二君之迷為裘彰高見，匪我不遜乎。前不佞謹將反對蓄婢制之宗旨既同，而非期一己之見，就二君所懷疑者答復一二，固不敢謂為盡當，亦聊本切磋求益之義，就正于有改造社會之同志已耳，

通觀廢五栩然二君對反對蓄婢會懷疑之點，可得概括如下之簡明意念，

一、反對蓄婢會，不能發生反對之効力。

二、基上述原因，當改名為不蓄婢會；或禁止販賣婢女會。

三、既不能空言反對，只有從一己實行不蓄婢，以相形蓄婢者之醜；則婢制尚易消除。

四、稟請政府設法嚴行禁止販賣婢女，以杜其本源，一面再籌如何保護現在之婢女。

五、有反對蓄婢會，或更令婢女多受一層轉賣之折磨。

六、有反對蓄婢會，恐將來或有更飾其名而取巧之流弊。

七、革除婢制，須妥籌澈底根本辦法，現在反對蓄婢會所定辦法，不適於用。

八、革除婢制，既屬難事，若不知而妄為，或知其難

而輕率為之，則是沽名市惠，多事。

上述八點，皆廢五栩然二君懷疑于現在反對蓄婢會之大端，一味其意旨，實惟恐對婢制反對之不力，而非期反對蓄婢制為不當者，有可斷言。反對蓄婢制之宗旨既同，而反對蓄婢會之懷疑者，反對蓄婢會也。

夫名不正則言不順，言不順則事不行，二君懷疑反對蓄婢會之辦法，正所以期其符于事實也，而非懷疑反對蓄婢會之名稱與反對蓄婢會懷疑之點又何在，則可謂二君所懷疑反對蓄婢會，而非懷疑反對蓄婢會也。

為，「反對」二字，即「對待—對敵」之義，則反對之影響，將向誰加，反對之能力既無由發表，則反對之意味者二也，「反對」云者，寧非放的之矢，效無病之呻吟哉，此二君之意以為「贊成蓄婢會」，或「蓄婢會」或「無形攻擊」也。

一方面既無「贊成蓄婢會」，或「蓄婢會」，則「反對」之能力既無由發表，此二君不滿于反對蓄婢會之名稱，因其無承認此反對理由之一方面者一也。

我儕平民，手乏斧柯，無權無勇，縱令熱血滿腔，認蓄婢者為違反人道，只可呼奈何，則將謂為法律所不許，是徒言對待，亦不能施以攻擊，此二君不滿于反對蓄婢會之名稱，因其含有對待二也。

若吾意則以為欲知此二端之是否？首須明反對蓄婢會所立之對象。夫反對蓄婢者各個人，亦非與之對峙之「贊成蓄婢會」，（事實上自無此會，亦非蓄婢會之對象也。）乃反對社會上存在之婢制也。社會上有蓄婢之制度，即不啻社會上有一部分人贊成蓄婢，默認、

蓄婢爲合理之事，故一部分不贊成有婢制存在者，反對之也。是此反對云云，乃反對其制度之意，謂爲不贊成婢制可，即謂爲對待對敵婢制，亦無不可。查「反對」二字，兩義並包，而社會之惡制度，任何人皆有反對之權利，吾人固不必諱言「對敵」二字，而懷疑于反對蓄婢會之名稱也。抑名詞小事也，亦只求得其最近似者足矣。猶憶反對蓄婢會定名之初，已經此級手續，最後乃改今名，僉謂求能包括宗旨趣便足，如須解釋，自可向章程探討。吾意今後對于是會名稱，有以爲不足表明全部宗旨者，可向章程探索，亦一便宜之事也。

吾于上文已指出廢五則然二君對于婢制主張應革除之宗旨，與反對蓄婢會剛，則見地與辦法不同之點，自是枝葉的問題，當尤易于解決融和，二君對反對蓄婢會懷疑之點，皆此類也，茲吾試更逐一表出爲同立於懷疑地位著揚榷之。

一效能問題。效能發生于實力，實力強弱，視乎組織之健全與執行之優劣而定，另一部分繫于採用方法若何，如是，則一事動作，倒斷不至全無效能之理，只有分量多寡及適合所索而已。反對蓄婢會之組織，既繫是對婢制而立如薜說，則反對之所施，自與無的放矢不同，是適合與不適合，亦自無問題。故反對蓄婢會苟不悖，

四八

滯其進行，則效能之實現，終有可期，(因其具可能性)不能達至打消婢制之目的則或然，謂其絕不能發展反對能力則不可也。又每一效能之發現，亦有其序，爲造成反對婢制之輿論，減輕婢女之買賣率，此反對蓄婢會希望達到之初步也，請顧婢制之澈革，運動婢女之解放，此反對蓄婢會希望之究竟也。觀反對蓄婢會「只係約束其個人不蓄婢」一層，似有誤會，觀反對蓄婢會宜言書自明。

二改名問題。名著寶之寶不稱名，斯名當改，二君以反對蓄婢會不能發表其反對之能力，則「反對」二字，固等于虛設，不如改爲「不蓄婢會」或「禁止販賣蓄婢女會」，本以進行，較有實際，此二君主張改之理由也。但照上文解釋「反對」二字，非不能發表反對能力之說果不謬，則反對蓄婢會改名之必要明甚。至二君之主張改進，固亦自有其理，吾請得而許之，——下三四兩條。

三改辦法——不蓄婢會——此廢五君之主張也，其意謂反對蓄婢會既無反對之實，則不如破除成見，以名副實，改此會爲「不蓄婢會」，從片面進行，以覺照彼蓄婢者之顏，反可令其有覺悟之一日，而收革除婢制之效。此老誠閱歷之見，與夫仁者之用心，誠足令吾人對婢制而立如薜說，自慚無的放矢，心似無已。無如近代社會改革，潮流急激，對于一切不

良之惡制度，斂以主張擢陷清廓爲前提，再不能如往昔古人措置諸事之成規，動持緩和之手段，以致扶得東來西又倒，蹈徙癥貽患之譏，蓋今者世界改造之呼聲急矣——局部之問題解決，尚嫌其無功，而以「大同盟」「總解決」等爲唱，此古今社會現狀之不同，勢也，吾國今日既有一線之覺悟，亦何能外此，況奴制之廢除，全球幾已一致，獨吾國尚存，則此蓄婢之制，不能等諸起居飲食之習慣，聽其自然趨向者，又一因也，時至今日，猶不解所謂文野之分，死力擁護惡制度之羣，自然覺悟，「俟河之淸，人壽幾何」，吾誠未知其可也。

吾以爲「不蓄婢會」只從片面進行，獨善其身，而尚謂聽其人瓦上霜」之改革婢制辦法，實不如反對蓄婢會之愈也。

四　改進辦法二——禁止販賣婢女

對態度，亦象包容以身作則——不蓄婢之辦法爲愈也。

禁止販賣婢女，此栩然君之主張也，其意因疑反對蓄婢會失其反對之作用，不如將其改設爲「禁止販賣婢女會」稟請政府設法嚴行禁止販賣，以出其根本源，一面再籌如何保護現在之婢女。栩然君且認此爲根本上入手辦法，苟雙方並行，則此蓄婢問題，不遠于劃除不止，誠哉是言也，然又焉知如此之主張，則反對蓄婢會之宣言書所定辦法，固有聯袂請願政府明令頒布廢除婢制之一條，與代籌如何保證及解放現在婢女之數條也。鄙者栩然君只見反

對蓄婢會之簡章，而未及見其宣言書，徒以反對蓄婢會只是空空洞洞之空言反對乎，則又怪其爲思言，吾知一經剖示，栩然君亦且爲之軒渠浮一大白，以歡迎反對蓄婢會矣。倘有一言，不得不指明者，在栩然君主用「禁止販賣」之名，實以爲婢制之成，成于買賣，買賣一經禁止，則婢制不成問題，然在不佞之見，適得其反，不佞以爲婢制一日未打破，則一日不得根本剷除此惡習。蓋雖社會上有爲婢及蓄婢之人，其起源皆生于人口買賣，若徒知禁止買賣，而在此處實用乎，是單純禁止買賣人口，不能除此惡習，則又焉知蓄護者不可別處買賣，則婢女制度終存，以有此制度在也，以法律强制執行，而後此惡習可絕跡耳。

香港本已早頒禁止買賣婢女之例，故現在香港過于之婢女身契，無一不避去「買賣」字樣，而代以「送回羅酷金或哺乳金者，無一不且名此等身契，不曰身契，而曰「送帖」，是其縱不于別處過買以瞞例，亦可別立名目以取巧，此徒禁止販賣無當之證也。即徵諸國內，買賣人口，此本爲法律所不容，而婢女之買賣，何曾見其稍受限制，亦藉日此有法律所不行之過耳，非此法不足以限之，則帶使其縣者亦如香港之別立名目，或竟連送帖亦取銷之，有何不可，然而實際則仍存惡習，吾人欲拯救被虐之苦

女，終不可期，以婢女制度尚在，蓄婢者得有所藉口，謂吾之婢非由買賣而來，實由其父母無力養育以送于吾，或他人轉送與吾者耳，如是吾人又得何以難之，且買賣云者，不過數元至十數元之身價而已，賣女者實早已等于斷送矣，或因恐法律限制之故，竟直爲敬送之手續者，省出于無力養育與重男輕女爲之動機，以如是之人，又奚能以一買賣繩之，故吾恐買賣雖禁，而婢制猶存，則此蓄婢之風尤盛，故可斷言者。是故欲劃除蓄婢之風，非徒禁買賣人口可收其效、必根本的明令廢除婢制，而後蓄婢者無可藉口取巧也，否則吾得而止之曰此婢也，非若女也，若不能使其供役而不給其工值，如是婢之問題，然後可達完全解決之目的焉。

五障礙問題　反對蓄婢，原爲拯救婢女之痛苦而設，若因是而反致爲婢女者多受一層之痛苦，則甚非持反對蓄婢主義者之初心，此栩然君所以有「或因蓄婢之家恐遭物議，從而轉鬻他人，則介此可憐無告之婢女，更多受一層折磨；」之論也。此等障礙，或亦一時過渡所不免之現象，然按諸反對蓄婢會宣言，似早已見及乎此難堪。（即請顧政府調查註冊，將其契約取銷，使此後不得以奴婢相待而已，至蓄婢者仍可留用之作俾妹看待，因另有從實情酌定其服役年期之辦法，）似此不過值介蓄婢者不得爲虐人之事而已，實際無損於彼，恐非禽獸其行者，倘不至有因是轉鬻婢女之事也，否則縱無反對蓄婢會之提倡，爲彼所蓄之婢，亦至有其難堪之折磨矣。且凡一事之舉行，勢難得鉅利無害，吾人亦祇能以其輕重而衡量之，以其最大最公之利耳，若因反對蓄婢女轉鬻之障礙，盡其反對婢制之効良多也。雖然，人人宜爲全人類前途着想，似不能因噎而廢食也。亦能爲栩然君之福搜冥索，預覺其弊而提出使知竭力謀畫以防閑之，亦促進反對婢制之効良多也。

六流弊問題　此端亦栩然君所慮及者，意謂反對蓄婢會成立而後，恐將來或有更飾其名而取巧之流弊。夫一法立，一弊生，社會額風至此，實堪浩歎；此社會之罪惡，亦祇有讓諸別項之根本療藥之，吾人似不當以投鼠忌器之心，因之而對種種不良制度，目笑而存之也。蓋即如栩然君之主張，改此會爲「禁止販賣婢女會」亦安能禁歹人之借名取巧乎，識者惟有更因是者謹愼將事已耳，質諸廢五栩然二君，以爲何如。

以上諸條，不過本不佞個人之見，平心論事，爲一般爲是見解者略加解釋，非所以擬于答辯也。誠以益事體大，不厭求詳，而人各有責，不庸推諉，蓋婢女慘痛

呼籲之聲，已高徹雲際，婢女解放之機會，亦已在目前，仁者督有對被壓迫一部分人類痛苦表同情之義務，固無俟激勵強辯為也。

故第八條廢五君目反對蓄婢會為「多事」『沽名』『市恩』等語，吾實不敢贊一詞，以將來事寶自有為其辯護者在，否出我雖辯恐亦陷于失言之咎。至反對蓄婢會所定之辦法，已足適用與否，吾亦以為有愈研究愈美滿之處，改當留為別論，邦人君子，幸有以敎之。

◉ 外論第二

英報對於香港奴婢問題之言論

英國道德及社會衛生會機關報斯路號著論。論及香港之奴婢問題。該報先引國會議員獲副將及夏斯活師奶兩人提出此事。及各報著論后一切之後。續聞禁阻賣買童孩制度。有種種每每難辦理。因其均以養育為藉口以上及限定每日作工時間為九點半鐘矣。華人多因貧乏而將其兒女發賣。倖得項欸幷簽契約。

其內有一號。如是女童。則不能轉沽為娼。於利便尊此。欸多有不理。而女童賣之入娼寮者。已成為一種專業。此人所共知者。據諸中國之內。祇香港准許公然販賣人口。但無論此說是真確與否。香港寶為婦女買賣之中點。雖有華民政務司署之保護。凡女童年在十九歲以下者不准當娼。而女童仍多被賣入娼寮。此等女童。多目不識丁。一被其主人恐嚇。即照彼等所囑咐之年歲報告。亞馬利副將亦承認歐人殊難佔計其年歲。始將其子女發賣。自交國北荒發生後。買賣女童之苦。每人約價五元。轉賣則常得欸約二十元。若此等女童一入不法者掌中。則祇有圖利。彼等之一生將不計及也。香港對於此事。倘為例外。殊屬奇異。據說且常有拐賣童孩之舉發生。香港潔淨局分股委員近來呈請凡年歲在十四歲以下之小童。在工廠之作工時間。每日不能多過十點鐘。但被英政府所拒。謂因教育未能設立普及。故規定此畢實屬不宜。因此小童在工廠作工之時間非常之久。而無例為之保護矣。副理游院大臣亦經承認香港幷無管理小童作工間之例。日本現目已提出議案。規定業工年歲在十四歲以上及限定每日作工時間為九點半鐘矣。夏斯活師奶現請組織團體。通過議案。請政府設法禁阻云云。

普樂君對於養婢問題之意見

定例局議員普樂君。昨因婢女問題。投兩於孖剌西報云。記者足下。自華人開大會研究婢女問題之消息傳來後。一般如僕之勤于搜集各種事實可能有之弊端。細味大會所研究之六欵。第一與第五不獨惟不幸而受下言兩種原因所打銷。（一）大會之召集。公然爲保存華人習慣起見。及（二）擬於大會提出之問題。非冀能爲婢女問題探本求源。及搜察由該習慣而發生可能有之弊端。細味大會所研究之六欵。第一與第五不獨搜察不詳。更似足令英京議院有等議員情然不知所從也第一與第三問題之措辭太過概畧。第二問爲婢者是否爲奴。應改爲買婢者對於婢女有何種轄限。第三問之答語殊耐人尋味。惟英領士政府之如何辦法未能決定。第四問爲婢者是否五問之答語則明明爲否。蓋凡虐待他人。無論是否爲婢女。均屬違法也。至僕獻議。以爲華人大會應提出下列。

（一）買婢者是否全權管轄之例。如是否有權令其（甲）作彼之婦。（丙）爲彼管理一切家務。（丁）括言之從彼指揮而作不犯法律之各種事務。（二）是否每買入婢女。係爲經濟原因欲得廉價之勞工而已。（三）買婢問題是否有時假爲藉口買婦。專爲作娼起見。（四）買婢者能否將之轉賣與他人。如將之轉賣與磋商。（五）婢之父母或將之賣出之原人如欲贖回婢女。即將之買回。則有何等權母或將之賣出之原人能否參與磋商。及報紙上。均要幫助婢子之安樂之眞正安樂。方爲的論。至云婢女十六七歲則可

（甲）由原買主贖回。（乙）由轉手買入者手贖回。如以上各問題能完全答覆。則余聲可自行審察於英國屬土中。（一）婢女之情狀爲何若。（二）婢女之習慣應完全續行。或根據現狀續行可也。

華民政務司與其訪員之談話

余（訪員）與羅君討論婢女問題。（問）近來本港自太平戲院大叙會討論婢女問題後。或華人代表到何二君會議組織一（防範虐待婢女會）而同時敎會中人又組織一禁止蓄婢會。（答該會賢名反對蓄婢會。禁止二字。係訪員誤會。）兩會固處於反對地位。司憲掌管華人事務多年。且常與華人接洽。常能知我華人之習慣之例於婢女問題。請將司憲之意見表示何如。（答）余甚喜歡將意見表示。余對於中國人蓄婢之例斷不能革除。今欲革除將意見表示。其所持之議論。（甲）爲主人虐待。（乙）主人如悅其容貌。可以納之爲側室。不外如是耳。更有云。請皇家取締此陋習。恢復婢女之自由。所謂恢復其自由者。改爲月中給以一元或五毫之薪金。余極不以此爲然。因給以一元或五毫之薪金。其婢子之自身便可作爲安樂主人使可以不虐待之乎。問題。無論立一會發一議論。直掩耳盜鈴而已。余以爲對於保護婢子之安樂之眞正安樂。方爲的論。至云婢女十六七歲則可

以幫助其主人做工。夫那知婢女到十六七歲時。主人便要將其遣嫁乎。最慎者十歲以下之婢女耳。彼等又云。十歲以下者可交回婢之父母。譬如其婢之父母又係貧無自鬻者又如何。此誠須為根本上之解決也。足下知前兩禮拜新界發生一虐待婢女而致令婢女逃走之案乎。此案由卓大人辦理。婢女自供其所以逃走之原因。完全為主人鞭撻等語。後該婢自供其所以逃走為差所獲。解回新界理民府。婢子之母到署將女領回。卓大人問之曰。汝今領回此女如何安置。則直答之曰。我家窮唔窮唔賣女略。今取回此女。又是轉賣與別人。天下事亦彩矣。然觀此婦誠實不欺。此可知(爻凹其母)一說為不足靠。如此辦法。不外令婢女多賣一次身。婢之母多收一注錢。而實際上婢女仍無何等實利益也。吾人極贊此婦誠實女略。然凡事必有好有不好。必不能得完滿十足者。因鞭撻婢子。即視為虐待。懸為例禁。余極不以為然。蓋凡人之品行各有異同。余嘗見打子女打老婆女禁者亦多矣。何止打婢女。若因人之打婢女。而遂將婢女禁絕。稍有知識者諒亦必不以為然。最好係華人報紙對於婢女問題。須為婢女本身之安樂着想。如卓大人虐待婢者。鄰近一知即往稟差館。則幫助婢女多矣。他日防範虐待婢女者。有虐婢者可往此會投訴。不必另去見幫辦及官員矣。(問)政府亦有設法幫忙婢子否。(答)當然為之設法。但吾人以為婢女之事。

中國人為主人者。剩下如何辦理。須中國人出而維持之。如梁維持不來。三兩年間虐婢之事不減少而反增多。那時政府方着手辦理。然本司敢信足下將此言登錄於報紙上。各華人應要認真檢點實行。自己維持。不至要政府出而接理者也云云。談話既畢。時鐘已五點。訪員遂與辭而出。歸而濡筆紀之如右。

麥于治牧師對於婢制問題之演講

十六號士蔑西報云。前禮拜日麥于治牧師在於仁會堂宣講。引聖經加拉太書三章廿八節。「無論猶太希利尼主僕男女。其為宗耶穌基督一也。」其演說詞如下。耶穌基督生於種族社會階級分別最嚴之時。而自稱然人子。首倡上帝之前無種族畛域之分。無男女老幼之別。均一視同仁。故真理不容有奴婢之存在。蓋蓄奴之事。實有乖人道。是以基督教會之於奴制。不能寬其顏額進行。故即使其為奴婢。而教會亦不能容有稱為完全釋放之天國選民。以是之故。基督教徒一經承認男女平等之教義。即承認男子不能降低婦女之人格。亦不能使婦人作妾。實不可同日語者也。基督徒一經承認男女平等之教義。主奴之制乃成於人事。同站地。男女之別。本成自天然。故教會視之為與奉平等。一夫多妻之制度。以此制與蓄奴制寶同一為人道上之污。蓋凡為妾者。無異居奴隸之地位。故婢妾之制。實除瞞

人格之所爲也。予敢斷謂無一男子既認女子與之平等。而能公然納之爲妾者。雖爲人妾者。亦無一女子於知己爲上帝之兒女。而甘作人妾者。或可倖倖多享佚樂之廰。然無論其所享豐富若何。即爲奴者有時亦可得受良好之侍遇與優容。則完全受縛束與之不平等之侍遇而已。姿制同論者。良以其相生等之侍遇而已。認爲合理的事。蓋此等制度。欲成全人格者也。

近聞華人中之有勢力者。謂英國國旗下雖不應有奴制之存在。而「婢女」之制。則與奴制異。予亦信少有不同。不過予終覺除！「婢女」字外。終難覺得適宜之字以名之。否則誠恐有名義與事實相違之處。蓋「奴」字之一義本多岐。而「奴」之制度亦無一定之變更也。吾人於此一道及奴字。不禁觸及美洲西印度等處販賣黑奴之感想。然中國家庭蓄婢之制。其慘酷或尚不至于此。故今日直視蓄婢爲奴制。不免造一部分人之反對。則由此等不幸之女童。由己家而被賣入他家之真相。覺莫由遠認。否則其感想將何如。試思在英倫之人。不外字義之不同。何由辨認。致事實莫能暢達。遂介此報告流于遺假耳。

惟自根本上視之。即爲買賣。縱不認爲完全之國奴之束縛。惟有人格者。亦不願使其受爲奴之亡。亦不顧非完全之國民。有若是之買賣。縱不認爲完全之國奴之束縛。有若是之買惟自根本上視之。即爲買賣。縱不認爲完全之國

予之所以合奴制。且同爲基督教所不能承實污衊人格。而其督教則之市塲。亦無獵取奴隸之販子。更求有常乘鞭笞奴隸之行刑者。亦問介申禁拐帶。但問亦有拐案發生。而爲人父母者。亦問因飢寒困迫。而忍心賣女。惟有人格者。寧見其女之亡。亦不願使其受爲奴之束縛。亦問非完全之國民。試合奴隸之名。果將何以稱之。而解釋奴隸之意義哉。

昔林肯有言。「無人常以不公正之威權約束他人」今予亦請以此語瞽改之贈諸蓄婢者曰「無一婦人應以華人蓄婢之權約束他人」雖無人否認多數無主者蓄婢之者爲公理。非待遇也。若以爲一人之幸禍得佐治及加路連公塲優待。但人生所最要全視其主人之良惡而定。則誠甚矣。若以爲任由女童之命運而得其幸禍及品格。亦殊屬危險。而象不仁。至虐人否認黑奴之得佐治及加路連公塲優待。或憂閔之者爲公理。非待遇也。

之孩童。受盡許多。尚未得警察與隣人之救助。則此無知無援之事。然又將自�誰求助乎。彼或亦知此爲各人應予撥助之事。固法律所禁。與公意所不許。然不法之施之智慣。常然破滅。此制度本不應存在轉行。不良社會曾見一華人于此事會議時。發出非常之華意。中國亦不宜定多于烹料所及求。英旗之下。此制度歐洲經已廢除。不良社會容其久留。可惜良藥苦口。忠言逆耳。未見採納。而好利用。

獻議。可惜良藥苦口。忠言逆耳。未見採納。

中國與歐洲之隔膜。當又少一重矣。

廉僱長工之人尚多。予願一般蓄婢者自察潮流而速猛省。乘時開仁。釋放奴婢。不至坐候强過解放而後行。總之此種制度已屆消滅之期。而多妻之制。中國亦漸打消。一如各國。而制實爲東西兩方形勢上之大障礙。因一方面經已超越此制之外。一方面尚爲妻之制。更令兩方交誼多形不便。致女界之品格與國民之資格互相背馳。乃者新中國已見及乎此。而謀防範之。可見新中國强盛之時。此婢女制度定遭滅絕﹞

當中華民國成立之初。廣州曾爲一度善政之顯現。欲試行消滅此制。改寺觀爲教養院。以收養彼釋放之女子。雖求久即見中止。惟吾料隨時可見其後興。然則英屬且奉督敎之香港。對此善政。將反落中國一省之後也。

反對蓄婢制度之會。刻已爲社會所注意。蓋華人中之保守者。亦承認此制之當改革矣。今者羣衆之正誼已漸次聯合。與不良之習慣相抗。其勢殆猶猫之使鼠然也。蓋此舉無過欲制止將來之蓄婢。而非取消前之契約也。今其時矣。想港中華人。必樂意贊成。不以其爲難而起畏。華人旣樂于居留港地。必享其文明制度之利益。則當能尊重吾人之習慣。故吾人所希望于華人者此。而吾人向來亦藐視督敎重華人之習慣。惟享其文明制度之利益。於英國法律與基督敎之要義相違。故未便聽其長此不改也。果其一旦惡習消除。則中西人士彼此相見以誠。愈見融洽。

南華早報贊許反對蓄婢會之積極進行

本年十月十日南華早報論說云。香港反對蓄婢會積極進行。無論其態度若何。許論述其行事。足以證其爲一勇於任事之團體也。昨日本報刊發該會之宣言書。雖强半爲港內人士所稔知。然其中所擬之辦法。類省精常。覺有意味也。

該會對於廢除婢制。擬請政府担任。以求根本解決。總復提出種種糾紛。故難一面力主革除婢制。而仍求顧存婢主之權利。陳議之辦法有三。其第一條辦法。則主張收消賣契。以防轉賣婢女之身價。

解放婢女自由之善後。其辦婢後辦法若干條。此等辦法。他日編定爲法律時。或須酌量修改。然以之爲將來立例之基礎。則洵可寶也。簡言之。其所關係。作預支與其父母。彼既得欵。則該女子須留主家服務若干年。始可規復自由。其服務時期。則由政府另派委員訂定。至於婢女解放後之自給問題。該會明擬請政府設立職業敎育院。使店傭中之女子。咸得學習職業（如洗衣烹飪等皆在其列）。庶於學成後。受雇爲傭役。或服務於工廠。賣得欵則該女子須收也。

紀者對此之意見。以爲凡在服務期內之女子。亦宜依照職業。如英國近所採行之工讀學校制者。即雇主須依照國家定律。撥出一定時刻。在其雇用之年少工人學習各科以增進。

其生活本能記者之意以爲婢女之方面亦宜採用此制凡留主家服役之備女（取消賣契後婢女皆改稱爲備女）概聽使習職業至服務期滿時即可自行操作苟依此而行則滿期可得到學職業敎育院宜僉收外間備女使其每日或每星期可得到學該會所擬之辦法更有一條係主張迫使備女育女註冊及簽設謀業館（即廠工館）此館之設誠不可缺蓋富備女脫離爲婢而轉謀新生活時不可不有此機關以維持之其中少因其主人待遇優善至期滿時不願離去者或亦不少此則臨之然彼當自知其動作告得完全自由非復如前祇爲他人之用具而已總而言之反對蓄婢會之宣言書實具有一種實際精神是誠可頌也

一俟得接港督報告鄙人即爲之討論鄙人將用何法辦理其事然按照保護婦女則例香港經嚴禁販賣婦女爲娼至於立例廢除婢女一節則因中國尙未實行禁婢律例故或致發生阻力云

婢女問題

十月二十七號。獲副將在下議院內。向理藩院大臣質問。諸君曾否注意於七月三十號香港所舉行之公民大會議之報告。曾否諗定例局員劉君鑄伯之演說詞。劉君是代婢女制度辯護者。曾否知悉劉鑄伯君之演說詞內，屢次論及在香港內買賣男女童之事。彼并謂此等買賣。共分三種。此演說詞。實爲此項習俗之辯護。其內之言。於事實上。大半承認在英屬香港之內。實有買賣男女童之習俗。故因有此項事實之承認。君可否言出政府現目已預備設何辦法。活大臣答稱。題內所言之演說詞。余今在報紙上閱得。其內多是論及中國婢女制度之大謬。但余不能以閱下對於其中之句語之釋義爲然。各項事實。屢經在此議院解釋。至於政府之進行辦法。余之答詞。亦將如於十月二十四號時答覆馬利君者無異也云云。

◉英京電訊第二

英議院關於婢女之質問

英國下議院於十月廿四號會議時議員馬利君向理藩院大臣質問曰貴大臣可否與港督磋商委任值理一班俾得討論將香港目下之婢女制度廢除因此等婢女可由一家轉售與別家中國普通目之爲育女並廢除精豬花之陋俗因此項女童將轉售爲奴女且中華民國業已宣佈此等陋俗爲違例而香港爲英國屬土更應照此辦理云活大臣答稱豬花之例而香港爲英國屬土更應照此辦理云活大臣答稱豬花之港督將意旨報告或委任值理一班以責究香港之婢女制度

英議員關於蓄婢之質問

英議員邊烈君在下議院向副理藩院大臣提出質問曰香港

政府是否承認必須立例或管轄關於在其裁判權內之婢女。或女奴事宜又是否經已証明其購買女童者係有意將其轉賣以為娼妓之用又除刑名則例外女婢之用是否有無限制。邊尼君質問之上段質問請參視十月廿四號時之答覆鄙人曾表明香港係嚴禁華人習慣若欲立妾侍須得本人之妻並該女子及該女子之父母允肯方可云

婢女問題

十一月二號倫敦電。婢女問題。又再在下論院提出討論。當質問時間之時。邊尼君質問。謂除刑律之外。實有無限制購買婢女任意使用。或以侍妾看待。及隨時鞭撻。彼等之事。副理藩院大臣活君。對於限制虐待養女等事。所知者。則中國習俗。凡為侍妾者。除刑律外。亦將有公論。據彼所謂。此習俗於中國實為合例否。及是否祇在英屬為合例。而其情又如奴役。對於此項習俗。均繼續拒絕加以奴役二字。人。望屈活副將亦不用此名辭。彼信中國會設定律例。遂致

此習俗在英屬之外為不合例。但中國問卷以僱用劉逸和養育女童。先行給欵一宗。直至二十五歲方為滿期云。

香港之奴婢問題

二月十四號倫敦電。於質問關及香港奴婢問題之時。獲少將質問。謂理藩院大臣朱超君。是否不以在英屬廢除買賣人口之權為過期。彼則以其為有玷辱英國帝國。朱超君提議。請將此事於下議院討論理藩部預算表時。提出討論。

香港之婢女問題

二月十五號倫敦電。國會議員數人。昨日及今日在下議院。於質問時間。經極力質問關於香港奴婢問題。理藩院大臣朱超君。謂倘一有機會。彼甚願查確全議院所招集之會議。對於此事之感覺。但彼甚欲知悉。因何此習俗不完全推翻。且其在中國亦甚普通者。彼意以此習俗之大綱。似可反對。但信其於執行時，則不然也。反對蓄婢會者議。該會議由奇列士頓夫人為主席。隨後通過一議案。宣佈謂婢女制度。實為香港之惡習。向中西人士勸告。并力促通過一議案。委任一負責男婦委員會。以阻止買賣人口。與將入組係。俾得設立一可行之辦法。及其餘因此兩生之惡習。前任印度副理藩大臣為奴役。

羅拔士君。亦有宣言。而希士路活司令。則極力反對此等制度。在英旗下繼續進行。蓋寶爲玷辱國家及是醜事也。至於其餘之演說者。則雖要求修改此惡習。但指出謂繼續辦法。乃中國教例上之一部。有一婦人。謂彼對於具有教育之中國婦女。較之別國婦女。尤爲算敬。故信倡議廢除此種惡習。彼等將必極力贊成也。

英議院對香港蓄婢問題

二十號倫敦電衆議院質問香港蓄婢問題請將質問展期因伊對於此問題之大旨不甚滿意須與香港總督函商故未能答覆云。

香港蓄婢問題

二月二十一號倫敦電。理藩院大臣朱超君。在下議院答覆關於香港蓄婢制度之質問。謂彼意欲致函香港總督。詢問此事。因其對於在下議院少質問及問題。未得完全滿意。朱氏之此言。各人聞之。鼓掌之聲雷動。

香港之婢女問題

三月七號倫敦電。理藩院大臣朱超君。在下議院答覆關於香港蓄婢制度之質問。指出謂。因此次罷工風潮。港中公事異常忙碌。而華民政務司。則日夜辦事。但港督已允從速答覆其電。因此朱超君意欲暫緩宣言。

五八

取銷婢女制度之先聲 （衆鼓掌）

三月二十二號倫敦路透社電。理藩院大臣朱超君。在下議院答覆一問題。謂港督經電報告。謂港政府將與婢女維持會。訂定辦法。取銷婢女制度。（鼓掌）但此舉必須時日。朱超君續謂。暫時彼將下令使發出告示。香港將不承認現在中國所有之婢女制度。尤不准購買在十二歲以上之女童。離出其家。港督曾指出此舉將令婢女有中其主人奸計之危險。朱超君追後命向婢女警告。除於彼等有適常保護之外。切不可離出主人之家。朱超君謂。雙舊設之習俗。不能於一時即可改變。但港督與彼。且彼已通告港督。謂甚望此事可于一年內改變云。

香港之解放婢女

三月二十二號倫敦電。某報得香港解放婢女之消息。甚爲欣喜。該報著論恭祝朱超君宣言之特殊貫徹。幷信將設良法規劃一可行之計畫。以保全被放童孩將來之平安云。

香港之婢女問題

三月二十九號倫敦電。活少佐在下議院答覆問和地司介

之間。謂港督定彼設善法。阻止強將婢女攜帶離港之事。可無疑義矣。

婢女制度之取銷

四月二十六號倫敦電。保良會常年敘會。前任印度事務副官羅拔士君爲主席。由奇士頓子爵夫人提出議案。贊朱超君取銷婢女之舉。後一致通過該議案。希士利活司令宣言。希望香港各界。將合力使此制度可得最後之廢除。彼力謂邇日前屢聞該制度並無不合處之官員。現亦曾經設法協助。於未敘會之前。各人請希士利活司令及其夫人午膳。希士利活司令答覆各人之恭祝。力辭韶彼之辭去。實咨非在海軍常屆。並謂因前由香港總督。致與彼等論及希士利活夫人進行之信函。故彼等須要照吾等所辦者進行云。

英國下議院之婢女問題

三月二十一號。理藩院大臣朱超君。在下議院答覆奇利非夫及羲華士兩君。關於香港婢女制度之間。謂余曾前諸各議員。暫爲質問此問題。倘得余電商港督。料各位亦能記憶之也。近來因該處所發生之事端。已不幸阻止余及港督兩人從速辦理此事。但余現接港督來電。內謂彼之政府。目下與保護婢女及廢除婢女制度之社會磋商。將從速草定廢除此項制度之計畫。港政府及上言之社會。均指出此舉將畧需時日。余已命即行發出告示。向

主人及婢女表明。婢女之狀態。照中國所解釋者。需索香港將不承認。尤不能強阻年在十二歲以上之女童。離其撫養之父母云云。又於三月二十八號。間和地司令。在下議院。質問香港連同大陸英界婢女之人數。及間於未實行廢除此項奴役制度之前。曾設何法阻止主人將婢女移遷入別處華界。朱超君答謂。港政府及上言社會。曾向余指出。若發出此告示。將令婢女多人。或中萬人之院計。故於未鼓吹彼等與主人脫離之前。實宜設法以備彼等之將來。須知若彼等有大部分。即欲脫離其主人。其人數如此之多。實顯非慈善院或政府之能力所能透宜辦理者。余因此遂命港督。於告示內。應警告所有婢女。除被虐待或曾往見華民政務司之外。倘別處未有藏身之地。則不宜脫離主人。此外余又曾下令。謂港督所論及之別種危險。亦應向婢女警告。雖一相沿已久之制度。不能一時改變。但余欲表明。余與港督。均決定從速實行將此制度除廢。故余經向港督表示。余希望可於一年內實行此項改革云。

◉ 文藝第四

虐婢記　小說　河南中華公立學校陳覺廔

余有族弟某，家本五代簪纓，而其父亦清末附生也，初

擇配於雲潭鄉梁姓某甲女爲室，梁某家亦業豐，故其女亦有私蓄，不幸未賦于歸之什，先遘炊臼之占，糠仍慼媒另求佳偶，不料俗多忌諱，名門望族，多不就聘，卒爲冰人所給，竟娶西湖游民麥氏某乙女爲塡房，于歸之日，旭日臨窗，而新婦始至婿家，當時翁姑，多不滿意，然米已成飯，亦無可如何也，俗有做翻生之例，梁妻哀女之死，侭桃代李，轉念又以麥氏女能修女禮，推其愛女之心，又失敎訓，遂以死女之私蓄徑畀之，麥氏家本赤貧，久欲爲其子納妾，奈家漸落，百不從心，於是歸甯後，即翁姑之貪而無恥，覗然死女之私蓄，絕無愧色，間有誹笑之者，而他反含笑自若，其殆爲麥氏之魔力所攝乎，族弟時經商越南，與余並聞，恒數年而一返，麥氏以上無翁姑管束，故在母家多於在婿家也，計嫁後十八年，乃生一子，而始安其室爲，而族弟每年中必有二百元左右，寄返作家用者，改名曰「富彩」而麥氏遂得藉此餘資，購一少女，年方七歲爲婢，余爲平生莫大之幸福炎，其在鄉時之如何虐待其婢者，架，余不得目覩，不能詳述，族弟居南日久，因在南納一妾，生一女矣，麥氏開知，遂求人帶他來安甯尋夫也，

香港蓄婢陋習

六十

比至時，自覩少妾之艷妝華服，已是眼火外發，心火內燃，行裝甫卸，枕席才安，而厝言橫語，不堪人耳者，自寶遠旦，且以才經敎育之村婦，其可喜可怒之情形，彼以爲凡做人妾者，必定人家之婢也，亦如視婢也，逼其夫倉妾跪在地奉茶，又改妾以名曰「瞞彩」慈詣其夫瞞即華其妾「富彩」帶全其妾加鞋往擔水云云，其妾品性本剛良，畏事之人，故件件曾依麥氏之命，而不敢與抗焉，但外埠與鄉村不同，非有餘章，不敢納寵，旣納之，則必矜之憐之，愛之惜之，豈肯非理使妾，來南半年，其妾復生一子，彼又生一女，二女同居，其志不相得，其妾亦爲他麥氏素性陰險，恒以非理使婢，其殆麥氏之房矣，由是而始知麥氏之難靠炎，遂絕迹足不贈麥氏之房百計萌虐尋至於死，可哀哉此小子，出世不滿三月而無母矣，由是而儒夫忽發其憤火

蓋懦夫愛小子如命，而麥氏則恒懷毒殺妾子之心，於是哺育之寧，不假於婦人，反托於男子也，於是旣死，以爲得天之助，不料望穿秋水，不見其夫返來，乃使其婢往店中蕪其夫回含，而麥氏則日日使婢速之，又使復夫不返則鞭其婢，關其不能盡力也，打了一場，又使復

往，務得夫返，乃免打且得飯食，夫以此十餘歲小女，有
何能力以速昂藏七尺之男子返家者，自此以後，而富彩
捱飢受鞭之苦，幾於無日無之也，且以少小女子，而輒被
鞭扑，未有不呼痛叫楚者，而麥氏則別有一法，且禁其
婢不得出外對他人言爲主人毒打者是也，如有對他人說
後，爲彼察覺，則以燒紅火棒灼其股，且禁不得食飯三
天，不准眠床，仍要奉侍，其婢受此等苦虐，不能操
作，麥氏初猶諉他詐諭，將大柴一條，照背上猛擊，脫
衣驗之，黑於成班，而面部亦受有傷痕，麥氏又疑敬其
婢說，謂爲在路上與手車相撞使然者，如不照此說，被
人知爲主人打傷者，則加倍治罪等語，以是其婢雖受盡
千辛萬苦，亦噤若寒蟬也，其婢既臥病不起，麥氏仍視
作閒事，且對同居人說曰，「我所痛者，七十塊銀錢耳
，其婢之死，於我何傷」盜指其購婢費去七十元也，
同居人曉之曰，「婢死則銀失矣，何子不思之甚，」麥氏
無詞，勞人看不過，乃通知其夫，請西醫生調治之，旬
日間病若失，西醫令他戒米食一月，麥食牛奶作養料，
不想麥氏之自愛其子女，較他人爲甚，其夫所購備之牛
奶，本欲爲該婢養生之用，而麥氏則偷以供妻子女，其
婢反不得受用，婢以肚餓之故，又偷食冷飯雜物，病遂

香港蓄婢問題

復發，且加腹痛，婢以痛極呼其主人撻救，而麥氏反罵
之曰，「你今瞓已消，又享了牛月禍、重好過太子爺、你
咪詐諭，我界條大柴摑吓你正
得，」是昨十歲事也，爲余目的，其婢「富彩」逐叫腹痛至死，以上
有一兩次禁食飯，每月必准
之，翌日乃准食飯云云，至人說其在家時，其婢每月准
閱報見有徵文惟時己逾限期，此文不暇修飾，惟紀實事
而已望　大雅君子斧正而後錄之可也，

憫婢歌　　河南中華學校陳覺夢

天地生人無厚薄。人生天地分苦樂。只因貧富不能勻。
貴者賤者相交錯。無衣無食可奈何。顧賣此身就束縛。
主人驕貴那相憐。時時呼喝走問膏。懼怕主人生與賣。
作事過譴反倒顛。輕則唾罵重則鞭。
受此苦辱無可訴。俯向僻處淚漣漣。迴思父母生我時。
願我長大光門楣。見我笑語喜相引。
風寒暑雨常顧復。何圖貧困逼分離。
割却必肝爲人僕。父母身敎在家更不忘。
但得家有薄薄粥。背敎女兒受憔悴。
雖然苦切聊解饑。若問在彼多責扑。
苦咽心頭那得伸。
大戶重門進不易。曠隔年餘得一覰。主人訴說懷情情。

口中促賣眼中淚。呼嗚此意誰得知。父母之心誰不異。
秋河寂坐伴黃昏。念此情形細忖論。作能長歌長太息。
簷溜鳳雨滿前村。

五言婢歌　六十韻　　知非子

嗚呼言作婢。痛苦不成詞。或因父母窘。故爾為家資。
或被扮與騙。骨肉至分離。自從民國後。身契轉離奇。
云送不云賣。誠恐犯官規。落在慈善家。衣食幸豐餘。
若遭狠悱手。拼苦共揎饑。少小洪人役。長大嫁為姬。
難望出頭地。偽促寄人離。閨房分大小。動輒別尊卑。
生落男和女。常然受鞭欺。庶痕辨兒肥。
同為兄弟輩。羞分何吃齁。倘至分田業。一生都是命。
苦楚有誰知。
主搯椏前侍。半步不能移。飯完茶獻上。順手奉煙枝。
隨即捧巾帨。趨速收哂衣。剁柴籮汲水。洒掃倒淡盂。
兩頓餐頭餤。老爺着來裘。奶奶嚼來炊。
未審適誰從。不言無表白。開言黑支離。
一言不着意。掌摑面如虒。房傳抱公子。聽介買東西。
熱為搖葵扇。臥為搖腰肢。主人命東去。夜半主未回。
日夜無息停。手足勞且疲。守候如閽司。
難望無停息。夜半仍未睡。兩目憊難支。
三更着保飯。四鼓猶炊廐。更深古今微。
叱咤雷霆怒。精神亦被祛。移之奉父母。賢孝古今微。
有痛不敢菩。有病不為醫。薄言逢敵怒。毆肉在鞭笞。

六二

不分何品物。有失必猜疑。黎石猶成火。不問是耶非。
為能鬧透樣。天公報應遲。人逢沉淪矣。寧願念呵彌。
蓬頭髮亂飛。心內似糠輖。形容無日舒。貴賤何差歧。
勞苦汗淋漓。哀哀同形體。反對最為宜。
私心喜溢眉。防範鞭莫及。遠我平衡日。
伏期諸志士。堅誠毅力持。免令或人譏。聲名千古重。
虎頭蛇尾舉。戚激無涯止。頂祝壽期頤。
尅荊無是慘。有錢再買之。火烙暴德皮。
潛然灶中淚。自曉身命苦。
忍淚尉中淚。蓬頭髮亂飛。
衣服無暇整。
忙忙與碌碌。

欲逃不識路。恍若釜中魚。絪在狀前柱。鏈條先示威。
傷痕排滿肌。更逢陰慘婦。爪擊揎其私。
儼然砧上肉。宰割任由伊。縱然防虐待。勿疑經濟薄。
灰心中道時。自由無絆羈。載諸口皆碑。

一字咁淺　　龍舟歌　　鄭淑芳

民國如今已廿年。專制推翻，政體變遷。主義三民，將
近發展。算來男女，一樣平權。想起婢女問題，蠢吓字
典，婢字從卑。分別婢女人皆賤。究竟同為人
類，點得安然。婢制革除，一字咁淺。尊卑界限，要打
破為先，你歸英國向來，君主立憲，民主實現。重遠養婢，豈
費曬研。何況我地團號共和。先是英國議員，提出意見。咁話香江屬土，
不是瘋顛。

婢制堪憐。質問英庭，何不禁止呢件。劃除隨習，方見
得立例無偏。一則爲着本團光榮，人所祇線，二則維持
人道，拯救女子顛連。故此會議大開，檔借戲院，有一位華
士，講得好長篇。

人紳士，係定例局人員。點想佢循例把問題，宜讀一遍
。毫無討論，當作談天。一味把自己意思來發開，不理
人家駁議，咁就算表決完全。恐怕答覆英廷，憑佢說話
一面。個陣留存婢制，瘴氣烏烟。嗟我華人，人格自貶
。造成罪惡，總是金錢。所以反對會開求實踐。勝過甘
露楊枝，灑遍大千。婢制革除，誰不歸美。和勸免。至

誠心一片。待我把衷情訴出，且當宣言。
提起蓄婢，真正令我心慈。此中流弊，實在兒嬉。有的
名爲養婢，實在當娼妓。好比種生錢樹，一味撈脧。試
睇吓近來個的新聞紙，盡情揭載，有邊個晤知。耳目彰
彰，無所顧忌。衆談卷議，百辦無詞。講到婢女是否同

奴，來解釋字義。自由剝奪，大抵如斯。圑是賣身，無
彼此。大家地位，一樣卑微。任得主人來役便。終年服
務，沒有工資。若是主人晤合意。有權轉賣，好比貨物
遷移。奴婢名詞，無甚大異。男奴女婢，伯仲相依。不
過奴隸終身，婢嫁則止。究竟人權天賦，剝奪無遺。講
到任意苛待一層，難以登紀。穀章所載，無日無之。甚
或有恣情取樂來調戲。不過舉同曖昧，略近嫌疑。有邊

個肯做証人，來共佢處理。幾多被害，命喪陰司。最怕
主人做事無終始。中道乖離。我時厭棄，不靈咁
多，爲獻寃事。主張蓄婢，不外把人欺。無法可治。亦放棄。
情不能自己。所以我極端反對，

我們反對絕大概原因。人地主張養婢
，一定晤公認。大傷人道，害煞同羣。有的襁褓甫離，
行俗求穩。年少無知，慘被賣身。骨肉分離，像自然恨
，幾時敢對主人云。況且主人，未必乖憐憫。使供煩瑣
，俾極艱辛。衣食自然，微薄得很。工夫做足，重懷情
唔勤。差道無時，成夜有眼。靈時有病，不理佢痛楚吟

呻。好彩長成，憑佢命運。監砒將忰，亂去嫁人。或配
老夫爲妾媵。或濟市儈，與及官軍。生人藥趣何須問。
祇求身價，同商品。待價而沽。
專權買賣，同商品。個中痛苦，實在慘不
受傷萬分。咁樣做人，眞正無引。個中痛苦，實在慘不

家駡戾氣，重懷過腦艾同焙。有等獸性主人，惟利是搣
。日夜便喚，夜令淫奔。更有等好色之徒，行檢不謹。
真正傷風敗俗，大壞人倫。
買奴蓄婢，有甚生番。走盡天涯

。自命主人，天晴起粉。儌同仇敵不相親。階級既嚴，
親愛必泯。時時偽接哦。輕媟慈一陣。夜令淫奔。
請到國體。更頁羞顏。

香港蓄婢問題

，無此怪調。未開世界，有所謂鴉雀。當早三十年前，歐美各國協贊。就在德京城內，做會議機關。公法載明，條例所限。禁人買婢，極力防閒。記得英國有一句格言，唔係杜撰。耶話殺婢之人，重繫過作奸。萬國定為受。賣婆賣女，一樣相俘。佢話保留婢制，就可以溺女無愛。人心，沙咁散。真係名言精理。僑居港地，俯敢把公法推翻。咪話智識未為開。若係觀然，可惡罪犯，揸五古板。專講犯法，點好當作為閒。生成，一種習慣。豈真袋着，生計綢繆。若係買婢無人，唔通野蠻。有一個老學究。佢話婢制應留。生計艱難，風俗日儉。所以貧民攜女來求售。勝過捱飢抵餓，鎮日擔愁。買婢人家，又有錢兜。望善長仁翁來拯救，耐正養女，又有錢兜。唔通救人之急，反以為仇。泛泛講來，似覺於理不謬。怪底個的善長仁翁，買婢不休。但我仔細用心，來想透。實屬欺人，冇半點理由。若果佢志在救人心，

六四

，唔係假惺。幾多施濟，樂助捐抽。善堂宏開，應問機水着手。第一要保存人格，方算良謀。管彼有人，窮窘日久。携妻出賣反把錢收。未曉個的善長仁翁，能否接受。賣婆賣女，一樣相俘。又有一個花名，叫做大炮友。佢話保留婢制，就可以溺女無愛。因為貧家無力來撫養。此設分明，率強難。故此把初生兒女，村落水東流。溺女多在初生，三兩日後。娃胡姓馬，點比得周區。故此把初生兒女，村落水東流。溺女多在初生，一個為利所誘。至於賣女，至少角五六年頭。一個殘忍性成，一個為利。總之賣婢，自取其尤。講到賣婢價錢，至少有幾百乾脩。咁嘅利錢，真正係厚利所誘。事實唔同一笑一瞅。重薄乜深仁厚澤，越講越覺虛浮。

，唔係假柳。幾多施濟，樂助捐抽。善堂宏開，應問機水着手。第一要保存人格，方算良謀。携妻出賣反把錢收。未曉個的善長仁翁，能否接受。賣婆賣女，一樣相俘。又有一個花名，叫做大炮友。佢話保留婢制，就可以溺女無愛。因為貧家無力來撫養。此設分明，率強難。故此把初生兒女，村落水東流。溺女多在初生，三兩日後。娃胡姓馬，點比得周區。故此把初生兒女，村落水東流。溺女多在初生，一個殘忍性成，實在唔相就。至於賣女，至少角五六年頭。一個殘忍性成，一個為利。總之賣婢，自取其尤。講到賣婢價錢，至少有幾百乾脩。咁嘅利錢，真正係厚利所誘。事實唔同一笑一瞅。重薄乜深仁厚澤，越講越覺虛浮。

我且把虐婢原由來再唱。買婢分明，有身契一張。契約不准常來往。寫完身契，祇有痛哭一場。生殺全權，操在賣主手上。任由安置，莫問相當。就係親生父母，都不管山高與水長。不理字樣。不管山高與水長。所以任得主人苛待，常作尋常。故此，我反對立心枉。所以任得主人苛待，常作尋常。試問有誰人，婢女自知。婢女自知，無人呼喚。來做人道保障。第一要取消身契，禁絕梅香。所有大姐鴉鬟，全數釋放。一刀兩斷，方遂我心腸。點想有的保留婢制，又話開會磋商。巧語

花言無補痛癢。根株未拔。重講也證法提防。我想國家立法來懲創。又有警察出勳到處站崗。但係虐婢人家多屬漏網。幾多被主人虐待，飽受凄涼。想話旁人監督，一定成虛望。倚賴佢的善長仁翁更重說說。好比貓兒集會，拉來講。叫佢護庇，豈不是枉費思量。惡醉偏偏將酒強。(上聲)情同止沸，去揚湯。與虎謀皮，同一妄想。所以我取消身契。火化當堂。睇吓近來民氣異澎漲。

人道光明，正誼日昌。社會潮流，經好耐醞釀。觀現象，一致人人趨向，深望主人覺悟，就可以做婢女晤慈航。書至此，偏好頂頸。倍傷情。婢制留存，恨恨不勝。(上平聲)有一種人，偏好頂頸。話我不諳時勢，不熟港地情形。但關婢制解除，有乜野善政。放歸何處。保護年輕。主人留僱來邀請。有何妙法，兩得其平。此說早經。成了訴病。有何研究，不信無微。待我逐一從頭。來辯正。更將辦法，說到詳明。大抵婢制解除，晤係將婢女遊屏。(上聲)首在取消身契，變易名稱。若是婢字可將，備字可寫。依然服務。一樣婢婷。第一回政府請願質行，頒佈禁令。懸為禁例，不得買賣人丁。取消身契，晤留影。不拘婢女，與及嫲妗。注冊分開，條目另訂。寫明待遇，端的分清。妹仔名詞，從此洗凈。傭工期滿，限至十八年齡。若是時期未滿，歸鄉井。補回身價，理所常應。(上平聲)或者被主人虐待，係有異憑証。准其申訴，入告公庭。

遊議設立童護人，由政府年命。慈嬰童養，特別稽偵。教養院開，由政府撥定。募捐經費，指日功成。迍有無依備女，常收領。十年教養，可免伶仃。辦法咁多，來講過大衆聽。言未竟。但求公理勝。所以會開反對，望大衆拍掌歡迎。還唱幾句。我心懇切，晤知大衆如何。我話先行。聘得廢婢，人有講過。娼妓固然，人格折墮。但點似得廢婢，緊要過廢娼，尚且當娼，都不可。晤通婢制，可留麼。呢個奴圖，應要打破。快的回家。我望香港。婢制問題，發現香港一島。正係受人以柄，倒持阿。呢陳被友邦干涉我。大家自問，是否有愧支那。我哋香港寶行，全國附和。(去聲)同聲相應，手相拖。發婢移須，晤好結果。幾多吊頸。與及投河。香港有一位主人，監獄在坐。曾因虐婢，怨恨當初。知錯應該，晤好再錯。快些覺悟，一定無訛。最忌首鼠兩端，心有怯懦。總要大家出力，担起肩窩。汝復人權謀互助。提高人格，莫蹉跎。無男無女，無論那一個。齊心奮門，捕盪塵魔。做定有工錢攞。誰人晤做，就係大溷和。所以我唱出南音，來常楚楚。(去聲)先行能勉，又勉勵吓妹妹哥哥。這個問題，真係一字咁淺啫。身可餓。此志不可挫。一於反對，誓把婢制誅鋤。(已完)

反對蓄婢　龍舟歌　綿煙

人世上。多等唔平。貧富懸殊，性命就有重輕。富貴就唔曉騙人，敢到欺正。貧窮常役，奔走忘形。倘有的多唔合，服侍唔乾淨。當堂呵斥，都係忍氣吞聲。若係駛碼傭工，尚可唔受佢傭聘。

重（平）城。虧我聞來無事，想及呢種淒涼境。愧無能力，把佢藐哀矜。偶為抱膝窮頭，如入定。個個主婦施威，狼虎性。淫威逞。籐鞭到肉，拷奴毆僕，狼虎性。手停一陣，又似係鬼。牙筋咬臂，重要打死你。生成賤骨，要打死十個窮五雙，但都全唔應。唔打就身痕，

略，未息主婦雷霆。更有聲聲答撻，求饒命。話盡唔該我怕，打到肉破。又聽得聲聲哭泣，求饒命。話盡唔該我怕，打死你。牙筋咬臂，重要打死你。綁住窓繩。大罵奴才，哀鬼病。唔打你身痕，要打死你。雙妹仔丁。打死十個窮五雙，無乜報應。生成賤骨，要打死你。

打正得安寧。說話未完，朧股即腔，又話要落（吓）牙趾。坎頭（仄）埕墙，唔知凡野法令。火筘。虧我越聽越心寒，如此忍再聽，個個主婦施威，如入定。乜聽隔籬哀叫，重慘過官廳。坎頭（仄）埕墙，唔知凡野法令。任你幾多哀懇，但都全唔應。大罵奴才，哀鬼病。唔打就身痕，要打死你。

得意再嘬，又似係鬼。問你忍心無。

燒猛，簡直是炮烙私刑。虧我越聽越心寒，如此日盛再聽。人間何世，有嘅嘅牛精。怪得虐婢新聞，如此日盛。原本人人塊肉，都有娘生定。點解「久久有批許。章騰載「久久有批許。將心比己，掉轉操權柄。易地

而觀，想吓就明。不過佢為家窮，或為親喪母病。致使賣身為婢，背別父母諸兄。分離骨肉，遠鄉井。唔得你哀憐一吓，更要種種欺凌。可嘆可哀，還可驚。人道何存，大大個不應。（平）虧我默默思量，滿懷憤恨絕頂。心大不平。（仄）所恨無門徑。唔係就破扉而入，去作不平鳴。

心憤憤。碌眼吹鬚。造人奴婢，就好似入了監牢。地方警察，每每巡唔到。致令無良主婦，手板利過張刀。信得過將骨打死，右乜人嘈。雖至食人唔駛將骨吐。何患無人服侍，要井曰親則富豪志在，身價區區敢。何患無人服侍。究竟死於你手上，但有冤無訴。府上多一雙冤魂冤鬼。問你忍心無。回想上幾年前，官府與共父老。辦一

所貧民教養院，佢把涸魚嘜甦。造人主婦，亦不敢糊塗。棧來停辦，絕了條生路。婢女雖多，離了苦惱。自慚棉力，未足誅兜暴。唔造人主婦，辣手又復增高。近日聽得香江善士，舒懷抱。印刷一片，臂人道。維持

孤苦，勝過造七級浮屠。尤復徵求文字，與及龍舟譜。反對人家蓄婢，設會持操。苦心一片，勝過造七級浮屠。莊言俚語，偉論滔滔。當作暮鼓晨鐘，為警告。家傳戶曉，又勸醒吓妻孥。如此熱心，誰不仰慕。所祖人人了

解，勿以蓄婢為高。警吓本心，朋耶世導。冀話到善人好將人鞭撻，當作時興。將心比己，掉轉操權柄。易地

家，自恃富豪。須知世界，終有循環報。富，發的噉嘅牢騷。縱是目下多財，難道一世可保。兒孫求必，不造人奴。尤顧反對蓄婢諸君，同把力勞。為人種禍，盡咻力量呢鋪。將見舉國推行，誰不贊好。千秋萬世，都感列位功勞。自愧譾陋不文，多滾草。聊把所見情出，述唱一遭。更祝貴會前程，先進步。同勸導。大放光明路。呢的係人羣平等，第一級嘅規模。

反對蓄婢　龍舟歌　　宋敢林

人本一類。有乜上下相分。因何奴隸，罨話有雙厚。可恨我身無兩翼，把不得天來問。抑或貧富生成，有所因。我想托世做着一個女流，原屬不幸。重要為人奴婢，賤過沙塵。蒼天厚薄，都算唔平等。但係蓄婢之人，都要問吓个本心。又有欲想僱工，無路可揾。本餸少短，點樣謀十多人。亦有為賒輪乾，心不恣。有等雙親辭世，點黎謀生。至到骨肉分離，原係可憫。借貸無門，不止用沙籐。金。你地關欵裝腔，原屬過甚。重要喝婢呼奴，恃住有銀。有陣些須小過，好似開堂審。無端辱罵兒子哼哼。手足先將，來綁緊。刑罰毒打，不止用沙籐。燒紅鐵器，烙到週身印。慘過盜賊遭擒萬萬分。聽見呢種私刑，心就打震。令佢叫天唔應，叫地唔聞。做多食少，無安疑。冷飯殘衣，就算德涼。誰無父母，也唔心痛嘅係咯。主人婆唔勢大，怕也你寃沉。人家兒女，真正唔關緊。做乜佢總不退施，自己所親。賣繫婢女，當作宜爐織。一寒一熱，就去問卦求神。虐打嗰時，用到灸針。人道全無，天眼又不近。捱得嗰雷轟電煅，个个都做過慈仁。我想幼穉嘅女孩，無乜敬訓。為人主婦，都婆澤厚仁深。既不哀憐，亦休把佢怪恨。點解得些唔合意，就打罵頻頻。試問凡爲婢女，有幾个做倖。萬中無一，當作親生。重怕有些委色，終日爲佢塗脂粉。至好都係嫁爲人妾，講不得一句口响嘅時文。唔我說到此時，心火就憤。欲助無從，點共佢把得氣伸。幸得港商，存惻忍。聯同證會，力力推行。同志徵求，刑送小引。革除草除根。務使惡習刪除，宗旨穩陣。已自安爐蓄婢法，逐欵言陳。章程備列，不必多疑問。助人覺悟，今日仰賴旅港諸君。所望你地激發天良，心莫泯。復回人格，只望你地合羣。彼此間胞，曾。勿令狂瀾遠。當作晨鐘幕鼓普渡慈雲。此後顏風挽救，支。全廈穩。筆舌宣傳，只望你地合羣。痛瘝在抱，試問有有責任。想必中西人士，薄海同欽。誰唔允。如斯善舉，重好過帶髮修行。重有許多取締，再把章程印。他日會議公評，五酌斟。使佢恢復自由，係應本份。男女同胞，都係國民。更望我地同情共表，

切勿含糊混。須審慎。如何應革禁。問句个的主人自命，呢陣你知到唔曾。

反對蓄婢歌　　南音　　凱聲

傯自苦。睇傷神。苦中添苦至做到女兒身。何況爲奴爲婢你話何堪問，講起佢的悽涼實在不忍聞。想佢是必生來家道窘，命中帶賤自小就歴盡艱辛。正係婆燈不給時飢饉，數口之家竟乏食貧。浮鴻潤鏑無人販，爹娘難顧迫住把佢來分。自嘆時乖命蹇，可憐一塊肉不過換得幾十个元銀。從此唔同往日身和分。(仄)長作青衣重得幾十个把佢愛珍。無奈忘情還割忍。講到骨肉之情進不甚，你話一朝離散怎不銷魂。此唔同往日身和分，可憐一塊肉不過換得幾十个把佢愛珍。屏氣低聲惟唯諾，仰賴侍色更要殷勤。懶一陣，呼神喝鬼駛到顛溫。清晨便起深夜猶唔瞓，一日捱足十二个時辰。鮮魚美肉全無份，只有殘羹冷飯。第一係時值隆冬牽又近，彌天大雪落紛紛。人地大衣兼徹綿，衷寒到冷四圍奔。雖則求至陷指裂膚如此甚，裏頭袖手重要把炭薰。遇着炎天暑月人皆困，遊个唔去乘涼卻暑運吓蒸爐。難爲佢日間逐熱隨街趁。晚上在矮牀涼脈次覺尚不舒，个陣源氣熱人如火滾，試睇佢手足皆成爛疤紋。

六八

破帳伏滿具蟲蚊。汗流淶背具難忍；更要向人搖風手動頻。苦況萬端難遮底趯，一年四季日不是呻哈。如此情形原可憫，點忍再行奇剝待以非人。見佢苦。本要哀矜。點佑有等主人兇惡不近人情。提起番來喉咽硬，我記得有的婦人狠�有影，日將奴婢肆意懲凌。有陣夏楚橫施一味任性，皮開肉綻實在堪慈。有陣腳踢拳籤興打得狠，鎚牛鞭馬尚且唔應。(仄(登時嘔血不能停〕)何況佢有陣長想大柴雙手挺，迎頭痛擊點爆擔承。有陣利器弱質珊珊遠未長(仄)定，無知草木尚不能勝。此不幸。真正創深痛鉅右日得安寧。(平)何況身體肌膚遭鋒鈍異係勁，若然講出面都青。慘過殘賊之君奇待百姓，啾人救齊百毒亦少有此等嚴刑。有熱烘火把持其柄，將佢遍身燒爛運體薰蒸。有陣將佢舌尖剪斷血出如泉迸。苦亦出不成聲。有陣重把佢當堂來撤命，十指無端來斬淨，手掘如鎚嘢不可撼。有陣將佢口腮尖剝去，改革點得進步過過畜牲。此等弊俗真爲中國詬病，若邊唔分別重輕。種種慘虐之情我亦唔數得晒，大抵有的苦起番來繁過畜陳。第一係時值隆冬牽又近，彌天大雪落紛紛。我想人生天地原平等，貴賤無庸分別重輕。人話蟻蟲。只爲佢家中貧乏有氣難爭。呼喚隨人唯有減頹。只爲佢唯要救拯，何況人爲萬物靈。舍得主人憐憫免至太過勞形。就使打扑嚴鞭亦唔敢不應。

，正係鼎魚砧肉任得死生生。我記得歐美當時都有此弊政，讕奴惡習處處流行。遇著個个林肯放奴將此弊屏，（仄）此後實行開放各國相承。今日光明大放人相慶，蓄婢行爲實在不應。（平聲）伏願我國同胞皆猛省，陋習從今盡地掃清。君呀煩你慈心須要秉。即此一端能改革，自是有益中國前程。

反對蓄婢

何不平

孤樓讀能夕陽天。人道開懷氣憤然。耳聽哭聲自鄰舍起，又只見唷壤人語能炊烟。虧我昵陣一體同仁無貴賤，況且在寄人離下呀你話怎忍無言、正係禽獸無知難虐待，奴婢無力倚離憐。第一係個觸景更添情可憫，虧我手撥無力顧難完。婢呀記得賣身個日淒涼夜，見你初離父母哭聲酸。我亦忍不住許多情與淚，真正係無從相識亦相憐。見你極襤褸初離將有欵載，點想離鄉別井要出闌前。幾多風雨難禁受，卻只爲貧寒兩字姿拆離鸞。個陣黑幕暗無天。見佢茶飯失時答饉難免，在個處污泥墮晚成罷。早誦偷安過又謂作賤，終宵難遂五更眼。笑貌偶逢男主面，又恐慈因即起下棍施鞭。年已及笄猶未遇，欲求身贖又要補飯盤錢。或有種花誇手段，任你平妻個室從權。不許槽猶遭毒險，千金市駿奇貨居先。甚或販歸河下去，脫身無日苦海無邊。種種奇情彙虐待，淪成風俗社會羈連。空嗟嘆。難呀欲逐得你平安願，急求善法辦理伸冤。聯羣結會把人格莫賤，終須有日難脫災纏。參想透。就知咁。虧我欲救同胞姊妹費思尋。古道男罪入奴女入婢，做乜你生成無罪磨折咁深。此後先蔡媒婆來引渡，例准隨時取贖不許索利慈薰心。多金，苦邊苦待如牛馬，交邊父母淚長淋。振與將謀活計，免佢一家抵餓保嗳淚長淋。更設貧民多義院，一般孤苦任意牧臨。個陣還我自由多幸福。正係五更無添香火作伴，赤足何時再踏花陰。呢陣普渡慈航風凜凜。呼聲振。狂瀾須緊挽。切勿負鄰國隆情一片熱忧。

反對蓄婢

新嘆五更　何維新

婢叫苦。哭聲天。天呀做乜生成人類我獨無權。你睇各國富強人道重，同羣保護女界無偏。禽獸無知猶禁待，況且人爲至靈百體完全。做乜中國堂堂人格又咁賤，大開婢制古今傳。因入奴閣如犬馬，不及外邦牲畜猶蒙主人憐。枉徒新化人物把同胞團體勸，安得林肯普渡放奴把我地婢放先。嗳就脫離婢制哀痛苦，可比林肯普渡出生天。怎奈世俗人心難改變，你話點能還得我地自由權。

唉，無可怨。等我略將愁苦訴問月生西，悶聽林間個隻杜鵑啼。聲聲似解奴心事，叫我身如可贖及早辭歸。個陣晚炊燈上噴噀陰，兒女習慣實在惡為。抽身稍眼難安睡，又怕主人呼喚麻雀開弅。縱有青衣服侍知詩昧，可惜但逢彼怨辱在淤泥。二更明月上窗紗，十載春光蔑未華。可似閨王殿上堪人怕，鞭笞火炙面生花。許多酷鎖枷。虐難言話，命賤天生怨自家。三更明月桂香飄，記得開筵就近個度。喜怒無權如牛馬，正是小星未賦早被裝霞。鳳凜列床難起，都說夜夜貧眠鞭棍不饒。個陣冬，或時宵夜夢都消。主飲溫湯奴喫冷炎，做盡功夫心未了。不滿娘懷惡自招。怨恨許多娘你未曉，嗷就攞我地盡功夫心未了。桃花薄命一條，四更明月過雕欄，人比花寒影更單。綠楊枯盡有春歸日，人長年何曾轉少顏。顧影自嗟私自嘆。五更殘月過腦海，無緣花嫩被蜂殘。盜頭常窺故鄉山，有幸辛亡難虎顏。父母團圓縣望眼，獨惜嬌身容易贖身難。刻薄相沿成惡習，文明誰為挽頹風。急得熱心將善種，男女平權俗大同。設法開通愚婦識，振興自激女勞工。此後社會文明人格重，更無孤負鄉國情隆。

侍婢自怨 梅花腔 有虞

為妳住主人，唔歡喜。出於無奈，抹淚在衫披。我忍淚做人，真正唶氣。皆因窮苦，骨肉分離。賣與富人，為侍婢。記得當時分手，母女相搊悲。娘教女兒，須緊記。老母唔在身前，知呢陣要聽人使喚，正顧得住一身皮。時時提點，晚至抵冷捱饑。主人跟前，須要保重自己。娘別個鴉頭，來比吓你。縱然打罵，不用淒其。將別個鴉頭，呫到你企。重要避忌。時時提點，不用淒其。可見身為人婢，要受人欺。主婦身前，咁到你企。或者又常女兒，莫個相離。遊個姊女做人，無此命知。人家分出貧窮，捨得一宿兩餐，唔係叫絕地。娘又不知，我生長死。除是相逢，在夢裏時。者又常女兒，呢陣得意。我為家中，又想到凄凉。娘，有個好日子，又怕唔輕易。想吓爹娘賣我，自已又心辭。

為人婢。十世唔修。開聲便罵，息鴉頭。自己何曾？敢駁過一句口。重要勉強歡容，唔論老少與及女男，都要我將就。脚有有時，又不歇手。重慌人唔合意，話服侍唔週。遊陣唔好時，又話娶隻牛。就係鐵骨銅皮，應要有一陣科。偷開一陣，又話把佢筋抽。想係聽前，和立後。真正使牛唔知，辛苦隻牛。只有乎聲忍氣，苦住條喉。吓自己屏皮，點共籐鞭鬥。閉住個口。好番好鬆，又話沐浴熱茶蕎。歎氣都怕佢人聞，閉住個口。偷自苦。淚交飛。唉，我担頭流淚，佢重滴上眼眉。只

○笑面向人，必有弊竇。一言一笑，都不自由。還有件
事情，令我醜。少主人鍾食（嬲借用，即背人取物食也）
，賴侍婢來偷。正係盆上種蓮，寃屈藕。大抵身為人婢
，有十代寃仇。氣力要受人磨，人氣又要受。賣女過人
家，即係把女命收。陷落陷坑，無法可救。思前和想後
○我難阻腮邊，兩淚流。
○忙繳淚。繳極總唔消。唔通副眼淚，都嗱代我唔平。唉
，淚呀，我忍淚做人，你須要生性。做乜我淚痕抹淨，
你又混滿眼睛。我好似水上浮萍，身不定。淚你又似江
河浪跡，總總唔停。點得流你忍番，同我咁忍頭。任得
心中愁苦，冇淚無聲。記得我在為女，時常病。親娘為
我，冇日安寧。今日身入人門，非係無病症。縱然有病
，講過乜誰聽。係小姐姑娘，尚有名醫誨。故此我十同
得病，有九次病唔成。就係身似火燒，都話微微慶。
（借用）比係姑娘身份，合家驚。都係身為女子，可憐唔
同命。小姐共鴉頭，咁就貴賤分明。重添小姐一呼，若
快應。應遲一陣，又話唔快。佢着衣裳，要我洗淨。比
然唔安寧，好似官府下嚴刑。有陣夜深，人對影。將人
己，抖氣連聲。都係做人，乜要聽人命。唔通真整定忙
，講過乜誰聽。我做將鴉燈。將人比己，要喊一餐。點解我
人做小姐。我做將鴉燈。我十成學一，亦咁為難。人食飯
要咁辛勞，佢要咁歎。

時，自己要裝飯。唔通淨係佢，正有父母寒生。餸在檯
頭，隨佢揀。我起時多係，月影窗間。大抵身似唔眼
又晏。我起時多係，月影窗間。咁久何曾，穿過新布眼
○重闉我身屍帶顧，未免受人彈。未必做到主人，唔知
我衣履有限。唔係屌頭穿眼，就打出手蹄。二檯衣裳，
容易易爛。話我身長唔顧，不過佢自己邋落
，要除大腳板。要我上床還骨，腳正洗番。重係有屐
無鞋，天冷腳硬。故此天時寒冷，自己就心煩。重話背
做工夫，唔覺冷。熱天流汗，天冷又淚點斑斑。都為主
人，用婢成習慣。窮女多磨難。我幾仞想死，常命為
間。

盲人十諫

冇廚

開口唱。自表一番。你估我所因何事，對眼嗌盲。人話
我好事多為，正盲左雙眼。點知我在娘胎裏便，己自冇
眼來生。出世到如今，無一樣可分辨。生人唔生眼，自
己寶見心煩。咁就可見我眼盲，係替前人受苦難。富人
多作孽，後手必然差（讀爭）。只為先人，曾有用婢習慣
。故此折墮兒孫後代，對眼嗌盲。
第一諫。莫用鴉頭。睇吓我盲人，你要替後擔愛。米
個淨係顧住目前，盡命歎到够。怕你他日兒孫，總有一
日淚流。顧住目前，唔顧吓後手。後來有一個盲人乞食

，廛代刁羞。正係作孽太多，留落子孫受。切莫將人親

女，做你馬牛。

第二諫。莫做媒人。帶人女去賣，即係把佢骨肉相分。

睇見佢弟淚紛飛，心亦上忍。還有邊個敢近。就係身爲子女，亦不敢共銀

你相親。今日可以賣人，他日噲賣子女個份。試問誰能

長保，永遠唔貧。

第三諫。莫個賣女兒。賣斷過人家，生死不知。睇吓賣

女過人，寫個張紙。稍有人心，都噲滴淚時。話有乜山

高水低，唔關買主事。再聲明不准到郎君，莫個買主事。

第四諫。列位姑娘。米佔話有鴉頭使使喚，正得上香。或

者自己將來，同佢一樣。誰能保得，富貴年長。古語有

云，有福莫個享。又難保他日嫁着郎君，永冇心傷。富

者噲變窮，窮又一樣。點知到後來辛幹，莫個爭強。

第五諫。衆位少爺。積吓陰功，勸你伯爺(哂讀)喝婷呼

奴，唔係好野。免至將來，介你心裏斜。想有個好兒孫

，就米用大姐。手又將來，使乜佢擔遮。脊解放鴉頭，

人地永世多謝。將來見你，笑口騎騎。

第六諫。莫個施派。後人穩澤，你莫個享受埋。一世都

要用人，怕後代同你還舊債。家有鴉頭，重使乜食齋。

今日你買人，或者他日要將女賣。上好沉香，都噲當作

爛柴。斷冇話富貴家韆，廛代不敗。現時雖好，後日點

能猜。睇吓街前，幾多乞食本太。只為初時用婢，今日

正有難來推。

第七諫。莫用人拋。若然買水，又冇對頭細。出入都要

人扶，怕噲折墜。攔街兀地，只為踐拖。大抵從前，曾

要人拋過。佢呢陣冇人拖手，又如何。都為享福太多，

正有此禍。作孽多時，受苦多。若果今時，用婢一個，

亦罷。一貧一富，並冇攔拿。

第八諫。莫個婢樹茶。指手埋灣，一實帶差。有婢之

時，重話頂架。一時無婢，怕落你棚牙。個陣上死他人

，談論吓。話從前享福，折墮略而家。婢女個屑，唔用

難保他時，不受折磨。

第九諫。米咁勢兜。得容人處，且把人容。都話針唔到

肉時，自己唔知肉痛。籮係到肉，痛到心中。人地骨頭

，己自悼你使用。都係出於無奈，爲家窮。睇見人窮，

應要心動。要佢骨肉分離，太過冇陰功。重打罵時常，

好似仇冇不共。要多做善。

第十諫。要看吓上天。莫話見人窮苦，絶冇哀憐。有錢

人家，要多做善。唔通代代，都有兩個爛臭銅。我

只為先人作孽，今日正無眼見。我盲人先代，亦係大把

金錢。肯因手上有錢，唔肯做方便。呼奴喝婢，快活無

邊。淨係買婢歸來，將佢作賤。致有兒孫後代，不遠

七二

總。

十諫唱罷。你聽分明。人有慈必，後代更興。雀鳥而且放生，何況婢命。婢唔開放，枉有放放生名。鴉頭，誰個不敬。就係盲人聽見，枉有放放生。只爲放婢實行，我亦勤聽。忙叫請。前途多喜慶。陰功積吓，就安樂家庭。

反對蓄婢文　駢體　何少翰

舊聞上天有好生之德。同類有愛感之情。脫非梟獍爲心。忍傷骨肉。儻異虎狼成性。詎害同羣。披髮攖冠。尚救鄉鄰閭閈。解養販粟。也憐殊域災黎。炰食貧而備饌。誰非父母之身。赤他家。世亂而販歸異地。青衣作賤。脚埕悲。究屬同胞之誼。正宜大開方便。憫小女之無知。登可妄肆摧殘。留兒孫之作孽哉。

慨自習俗澆漓。頹風刻薄。丫頭結隊。垢面羞人。雖知賣菜薪。難逃鄭氏泥中。而任縱親勞。莫脫龐家竈下。無論愛歸並畝。追嗟不顧居喪。假作吹簫。仕婢終能降敵。究有礙夫民風。亦大乘夫人道。痕傷面目。號天而辱下鞭笞。痛切肌膚。灼火而利用炮烙。券成斷賣。昭君之返漢何年。逼效私奔。紅拂之歸楊無日。則勿論畏罪投河。含冤服毒。慘墜煙花。已受無窮之苦。遊失自由之樂矣。悲莫大甾。恨何如之。

勸女界籌禁蓄婢書　逸人

女界同胞通氣。伏以法律每視習慣以轉移。智慣亦因時有顧。並行不悖。亦相需而成。即蓄婢一端。在人道主義。實絕對不能相容。惟習慣成風。則一時確難驟革。故執法者。向亦法嚴行恕。乃者世風又變。人道大昌。外人提倡。實爲我棒頭之喝。問題含畜。須聽他絃外之音。非謂做事須襲外國皮毛。惟此畢竟關女流體面。妹仔解放。用昭人道之平。大衆齊心。休負外人之意。然而從來虐婢。蓋嘗以貴界爲多。故禁勿買妹。亦應由女流爲始。况呼奴喝婢。在閨婆自以爲派。而整鬼造乖。于女主亦多不利也。謹陳其器。用証非誣。(一)亞昌時代。雙跌荷校。三寸凌波。既舉足之維艱。况鎮日之裝煙打扇。不可無人。出街之跟轎担遮。更須侍女。今則圓廬六寸。花樣既擲之而一新。

是宜消除惡智。喚醒群倫。上體天心。牧囘人格。懍香有顧。何堪使五夜添香。搖扇自司。則必宏開義院。恤彼貧寒。歟集公家。絕詭名之惑愚。免媒婆之貪覬。主人嚴行。焚勞登讓田文。心理心存。放奴共師林肯。則千百年淒風苦雨。普渡慈航。億萬家棘地荊天。化成樂國。曊謂狂瀾莫挽於旣倒。社會上復放光明哉。

香港蓄婢問題

即臭脚雙纏。菱角亦炒之而兩味。自此而脚穿革履。幾乎擡倒北風。每出而手搖絹遮。那管謂行多露。坐車又必須慶托。何庸妹仔貼身。買野則親到公司。只許老公跟尾。若家庭內。則扇搭電燈之線。不用人搖。烟吸紙籍天然機會。又好大出風頭。倘不共起籌維。抑亦重辱。且

婢惟賣界所獨有。天下無小鞋之風氣。自古皆然。人力難強逆乎潮流。于茲爲烈。今旣荷外人美意。亟欲拯婢。女共出生天。故在賣界蓋籌。更應爲自方力爭人格。

識時務者爲俊傑。不必閒卦而行。審機變者爲英雄。倘其投巾而起。護將翩見。敬獻于賣界多嬌。寶具婆心勿統請婆安。伏惟婆鑒。絕對反對婢制份子上言。

字家訓婢美姿嬌（非閨房之福）此則在富室婦女不宜蓄婢之明証（二）自昔親生嬌女。習慣相沿。以是守節寡婆。想搵亞奶。是必求之妹仔。風氣如斯。驚其嫁得闊人。又享育女報恩之利益。比者世風丕變。堂堂校長。忽然做起亞奶。他如各處做戲之女伶。又大舉嫁人爲妾侍。可見近人選婆。非止取于妹仔之一途。然則募婦蓄妹。亦不是

嬰脚痛之語（親者貂花狐狸）又恐主人公牽情之勢。（朱聲）洗衣服美意炎。識時務者爲俊傑梳頭亞嬸。皆好善靚婢。以備富家納妾之取裁。

有火媄之嬀。凡逐事以細思。無羞妹之必要。況恐者蠢如鹿豕。徒撩大少奶心痛之愛。（俗有有數心痛沒得捲之圧。非常自便。做飯釜有打工之婆。（仄聲）洗衣服

生財之捷徑炎。至若一輩梳頭儀。百年歸老。自有契仔之擔。旣不能圖食。則鬻賣兒女。亦屬迫不得已之苦衷

新買水工夫。何須養此拑脚之樋。由前之言。由後之說。更快宜轉機。此後不必奔波波。入城利。由後之說。更快宜轉機。此後不必奔波波。入城

標會。鬼鬼祟祟。去城買妹矣。此則家母婆與梳頭嬀不宜蓄婢之明証也。基此種種理由。婢制確應禁革。勿謂

區區瑣事。大家不肯關懷。況養妹爲各國所省無。而虐

七四

◉ 紀事及文件第五

研究婢制問題之大會

香港婢僕問題，中西人士屢有研究，其主張廢除婢制者，多持維持人道之說，謂在人道主義之下，斷不能容此婢制之復存，其主張暫存婢制者，則以中國生計問題爲言，蓋謂中國人生計困難，其貧苦者一家數口，不能自養，則鬻賣兒女，亦屬迫不得已之苦衷，若竟絕之，是無異迫其饑餓以死，此主張廢存之兩說也，最近英國希士勞活夫人復在英國提倡廣除本港婢制，以憑解決，於是養婢問題遂爲全港提交本港定例局研究，定例局乃將案提交華紳劉鑄伯何澤生二君，乃登出通告請閤港人士到太平戲院公同研究，期衆乘意，

以定從違，其通告云，取者現因有人在英京下議院提議，並在各方面鼓吹，請理藩院令行香港政府收締我華人養婢之舊習，故特請我旅港華僑于陽曆本月三十日即星期六下午兩點半鐘，假座太平戲院將下列各欵細為研究，茲從衆取決，將公共之意見詳呈港政府，俾知適從，此事關于我華人習慣甚為要大，屆時務祈踴躍蒞臨公議，幸勿放棄，是所至盼，計開（一）蓄婢者是否為奴，（二）為婢者是否為奴，（三）蓄婢者是否係養育以為樂之用，俟男主人厭棄之時，即轉售與他人，（四）蓄婢之習慣，中國會例禁否，（五）為婢者其主人是否可任意將其難為，（六）其餘關於蓄婢之內容各事，以上各欵，如經公同研究確屬事實者，即宜請港政府定例永禁，否即亦宜由我華人自行訂定如何維持之，以免外人有所藉口，香港定例局華議員劉鑄伯何澤生謹啟，一千九百廿一年七月廿二日，茲將是日會議情形紀錄於下：

是日到會者計約三百餘人，耶敎人亦不少，蓋耶敎人對此問題，極為注意也，婦女之到會者十餘人，并有女子在場料察，西報訪員到者數人，并有華人隨之傳譯，場內生花係工商會報効，搭棚係同敬工會報効，各工團有出任義務在場糾察者，主席為劉君鑄伯；左為何澤生周少歧，右為曹善允周壽臣，餘如李葆葵李亦梅李幼泉葉蘭泉羅旭和何世耀尤瑞芝岑伯銘黃廣田等諸君，皆列坐

台上，兩旁座位則為席整，甫點三角鐘搖鈴開會，劉鑄伯君起立發言曰，今日滙齊列位男女界到來聚議此事，係關於我華人之習價及華人之體面，茲事頗為緊要，務請列位持平將自己目擊耳聞之情形，詳細表示出來，以使當衆研究，近數月來英國有人在下議院質問云，香港乃英國屬土，何以仍不禁止買奴，又何以任為蓄婢者被主人虐待，均經本港政府將內詳細辨明，又經西報訪員到會徹底求取意見，照登報上，今復有人在英京各方面傳說，謂我華人在港購蓄婦女為娼，為男主人之姬妾，婢女每受主人苛待，常被鞭撻等等之殘暴，力請英廷令行本港政府立例禁止購蓄婢女，或限制蓄婢之家，要其報名註册，並派差時到其家視察，令鄰人先將自己向日所目擊者，並派差時到其家視察，令鄰人先將自己之耳聞目擊者比較何異何同，然後定決、人之謂我者全係實事否，我之謂人證責我者又係實事否，總而言之，吾人須細心看想人之謂我者如非實事，即當証出其非，並將蓄婢之實在情形詳列呈明本港政府，以便轉達英廷，至於其中或有少數無意識之主人，苛待其婢女者，吾人又當設法使其勿加苛待，何況吾人對於自己之禽獸，尚為之設會絲持，何況吾人對於自己之蓄婢，有不顧設法維持者乎，茲謹將鄰人平素對於我華人蓄婢之情形，所

目擊耳聞者，詳加論列，請列位聽後，詳細研究是荷，奴婢妓三種人，考諸史籍所載，巳歷有二千五百餘年，妓為周朝齊管仲欲富國聚民起見，特設女閭以招賢者，中國妓女，即由此作俑，奴婢則自秦漢時代始有買賣，前均屬犯罪之人，罰而為奴者，係男子一經為奴，或為奴婢，則其子孫代代為之，除其本人自有積蓄或有親屬備資求贖，得其家主允許，方可脫離奴籍，至婢則屬少女，與為妓較有分別，一如親屬，嫁後如仍願與主家服務時，其未長嫁時，其父母可能備資往贖、若不贖則至長大嫁，主人亦須通知其父母，俾知其住處，可與男家來往，成奴隸行禁絕，至為奴者，在清末葉時，始有開放之明詔，然漢制與唐律均有愛邮奴婢，如殺之或灼炙之，均在禁例，中國舊日之立法，除頒行之律例外，如上諭及官廳所出之告示，亦均認為法律，非如立憲國法律必由上下議院討論而產出者也，前清末年，祇有放奴之事日多，並無禁婢之明文，間或地方官因見拐騙婦女之事日多，有出示禁止販賣人口出境者，然亦不過一時一地之命令，明無禁止買賣人口之習慣，固未嘗因此而遏止也，此可証明賣婢者，有寫送帖之定例矣，至內地蓄婢，有寫契據聲明賣斷者，有寫送帖者，寫送帖者印以送字避去賣字，

而將身價改為聘醮金，以示別於售賣人口，廣東人之蓄婢，均用送帖者為多，又買育少女為婢與妓不同，為妓者為法律所嚴禁，不准買良家婦女為娼，犯者嚴究，故買育少女為妓之人、多稱買以為女，或為童養媳，每由遠處買來，以避其父母之察覺，或在年幼無知之時期買育，使其長大，不知有生身之父母，此等買與育婢者不同，今日英國所蓄難者，係將育妓或育婢混而論之，實不明其內容也，香港保良局之設，係為防範拐騙販賣人口之弊，所以凡由內地來港為妓或出洋為妓者，均須先到華民政務司署問話，倘年歲不足，或言語糊塗，則發交保良局，如屬被拐或被騙者，則將其攜來之人控官懲辦，如屬騙誘為妓，而本人被惑，並非出於素願者，則留局澤配，查在港為妓之婦女，多由內地移來，間有少數係本港居住之婦女，若非係名節已壞不能嫁人之人，即係甘願為賤不願為良者也，其中亦有由搤拐迫從內地攜來，養大為妓，至於婢女，如遇有受主人虐待者，保良局亦收留代理，查在港之婢女，多由內地購來，甚少在本港買賣，現香港華人，多知本港政府不願人買賣婦女，亦知受人騙者無法挽救，歷經發生有案，其將女出賣者，多有串同媒家，於交易後，即請伊女走失，或被人拐騙，直往買家索還其女

七六

，而分文不賠回，買家又不敢報官控追，以此之故非詳知底細者，多有不敢輕易買受也，此報訪員所陳各節，今不欲再言，以免多費列位之光陰，亦不欲如前與他人之辯論，再行剖解，惟他人已聲言謂此次敘會，係爲保存育婢之習慣而設，似無庸辯爲非是，緣列位均知婢女之事，係關於中國之習慣，又請於中國經濟問題之一種，中國人民生計一日不能整頓，凡欲禁絕之者，均不能去貧民之苦況，誠恐反而增之也，他人之責我者，取衆意以証其訛，可知非專爲保存而設敘會明矣，既將奴隸及婢女問題詳論，剖解該兩問題，係請今日會議之告白登場後，方列登於報者，

登報請研究之蓄婢問題

一，養婢是否係養育以爲妓女、

二，爲婢者是否爲奴，

三，爲婢者是否供男主人取樂之用，俟男主人厭棄之時，則轉售與他人，

四，養婢之習慣，中國會例禁否，

五，爲婢者其主人是否可任意將其鬻爲，

六，其餘關事養婢之內容各事，孖剌西報之問題

香港蓄婢問題

一，服役家務是何意義家奴，是何意義，

二，買蓄婢女多屬慈善性質乎，抑爲營業謀利乎，

三，如買婢係因慳工金起見，有何法以防其苛待之乎，

四，蓄婢之家，享受其中利益者，豈可以之爲公証，以取決禁止蓄婢乎，

五，蓄婢之習不禁，豈非分種類乎，

六，苛待婢女之人，肯到此叙會，將情由實說否，

普樂先生之問題

（一）買蓄婢之人，是否有權以其婢爲享用品，（即如主人任意令其婢爲妾或爲所私之婦）及可任意令其婢操作家內各項工作，（除刑事法律所禁止者）

（二）買婢是否爲省儉費起見，（即如婢蓄每月不用給予工錢比較雇工相宜）

（三）是否多假借買婢爲名，實蓄養爲妓，

（四）買婢之人能否將其轉賣與別人，其轉賣即例應商知其婢之父母或原賣之人否，

（五）婢之父母或原賣之人，能向買家備價贖回該婢否，以上各問題，須俟明白答復後，吾英人方知爲婢者係屬何等人格，然後定決應否准在本港買蓄，或將此風改良，

答複上列問題，僕今將已蓄及近日所探集各方面意見及目擊耳聞者先爲言之，然後請各位將意見及所聞者剖白

，蓋此種意見，係該兩問題最中要之點也，雖不用着屑仲論，然亦畧依次序言之，因今特欲將舉表白，故日龍之言論再復取提，（一）有兩等人勝蓄少年女子，彼此不同宗旨者：其一蓄婢為家常服務者，其一係購買為妓者，此兩等人不能混合，蓋蓄婢少年女子為家常服務者，係顧存名譽之人，實不願以鳥德自居，以汚其名者，況買人為娼者，常受當道之牙爪及土豪惡詐，為人類所不齒，凡買少女為娼者，必須秘密從事，實為例所懲辦者也，而家常服務之婢女，若非其父母及本人允願，不能遽令為娼，凡此罪名者即要賠償巨欵，并以法律懲辦，又要將女子交囘其父母，并不給値，凡購買女子為娼者，必須與其父毌特別訂約，給以重價，有時記買賣為育女，職是之故，賣買有三種送紅，開身契，賣女契是也，

（二）今日中國實無奴隸，雖或有之，亦係少數，然亦非以奴隸對待者，盖此等人或因不欲離其舊主人，因其東主所給之工金，比之別處更豐也，問來女子不以奴隸稱者，女子於年幼時臨買者居多數，而無人願買年長之女子，盖年長者實難管束，又因數年後即要出嫁也，此等年幼女子，因年太幼，未識料理其本身，其主人之僕婢用，亦多由主人發給者，更有富厚之家，亦常送給兩母亦准常到探視，并留其住宿，給以飯食，并其漿洗費，或其婢女為之穿衣洗浴等事，直致年長方能有用也

及舊衣服等與之及常有以其本族之女子為婢女者，凡同姓名之女子，不能作妾，又不能結為妻室，家中事務，均由主婦經理，若男子欲立之為妾，必須先與其妻體與婢女之父母商酌允洽，又要該婢女顧意方可，若秘密作事，雖婢女本人允願，亦必要其妻容應方可，對於其妾之婢女亦然，凡男子與婢女苟合後嫁與人，其夫見得該女子不險，若男主人與其婢女荀合後嫁與人，其夫見得該女子不貞，而婢女認明此事，其男子非獨為親所鄙，并受其妻妾兒罵，更要賠巨欵與其夫及其父母，又有等有勢位之人，私立其妻或其妾之婢女為妾，但必要納賄與其父母，另尋地方居住，在後生育兒女，亦承認為正式後裔，亦有究婢女為妾，未先得其妻允背，致惹起家庭大風潮，迨得私交巨欵與之送囘其父母，守候與否，聽其自擇，任從轉嫁別人，又開有立婢為妾而得寵專房，將其妻與舊妾打落冷宮者，此則華人所謂妬婦所欲為者，法律所禁焉，未開男主人可隨意將婢女為所欲為者，

（四）中國政府直至今日尚未願行法律禁買婢女，於中華民國初年，粵垣警廳試行之，通令蓄婢之家收囘婢女出，將多數婢女設所留養，未幾則歸各家收囘婢女，因各婢女在居留所未有如在其主人家內有好衣裳及好食用也，故大為哗關，而年長者要弊鵬代覓好丈夫，或准其出外自由配擇，而年幼者又要僱使媽撫養，如此繁難，不

勝其援，加以貧寒之家，有自願將女送入居留所者，職是之故，事不衆行，爲新人物，曾獻議將妾婢兩種禁絕，惟事難行，終議不成。

（五）凡女子售與富厚之家，極爲安樂，甚少工作，若售與中等人家，工作或有艱辛，或亦喜少工作，全憑其人有福與否耳，在富厚之家，婢女爲其子女作伴，跟隨主婦出入，或學做針黹，或侍候到探女客，在中等人家，則帮助煮食，縫紉，洗衣，洒掃，往市購物等，然此等服務，其主人之女亦爲之者，爲婢者定必衣食豐足，若隨同父母，難免有饑寒之憾，亦有女主人過於苛求，或品性過烈，或兒惡薄待婢女者，此等婦人品性生成，待自己女兒亦一式，常有婢女因刁頑懶常不服敎訓，其主人自願交回其父母，任從交回銀多少，凡除寫開身契之婢女，（立此等契者廣東甚少）其父母常到探視，爲主人者，必須報知如何相待，及有何項工作，若其父母有錢者，亦可能將女贖回，再找好人家領受者，對於婚嫁事，其父母亦可發言，其主人勸其交回欵項，其本人常有因未得佳偶，其主人勸其交回欵項，其主人常阻止其妾婢將婢女薄待，以但存名譽者，若有刻薄等事，其僕婦與鄰人等定必知之，該婢女亦定必講及，而因此逃走者亦屬不少，至於薄待等事，雖係其本人兒女，局外人鮮有不喧傳者

也，然暴虐之事，實爲法律所禁，港地方官查出，定必懲辦焉。有多數婢女學讀理髮針黹等，不願出嫁，自願與主人酌商，再留服務一兩年，期滿時，或往列處僱工，或仍在主人處聽命，爲主人者要供給衣食藥費等，凡朋賞給僕人利是等，婢女亦沾潤焉，婢女因此常有積蓄多金者，若其主人見其婢好品性，有給以首飾配戴者，此等獎品，有時與其身價相等，則所謂許其自由矣。

（六）凡衣食豐足之人，決無將女賣作婢者，而所賣者爲係無工作或爲饑寒所逼之人，有時將其女賣以救回其生命者，或因藉此得欵以抒目前之苦況者，或有因兒女餓斃者，又有傳女以抵葬費者，或有因地方官逼交稅捐或罰欵者，若遇于此等事，雖其幼仔亦要賣賣，凡賣仔者不能贖回，蓋買仔者係四歲至十三歲買之也，惟轉賣亦可贖回，婢女多係由四歲至十三歲買入，至少要候至十歲或十二歲方能有所操作，其實在服務時期，係由十二歲至十八歲，到十九歲時，婢女則發生意見，必要設法嫁之，或與之酌訂條件，賣婢之價值，以每歲計每歲由十元至十五元，若於四歲買入，其價值四十元或六十元，在饑荒地面其價較平，前次北省苦饑，男女童之數在奄待斃者如此之巨，其父母懇入收領，婢女逝世，并不取價值，但此係意外之舉，不能併論者也。婢女逝世，必要將

之安葬，不能向其父母追討損失及費用，然由四歲至十
二歲，其衣食等費，及其父母間或到探給以來往及食宿
費用，此數必要計入於買價之內，蓋由十三歲至十八歲
方能服務，由十八歲至二十歲出嫁，身價若得一百者，
必要扣出五十元至七十五元爲出嫁衣裳之用，並將其所
積蓄之利是等及所配戴之首飾亦一併與也，然婢女係
當作家內人，可信託照管貴重什物，至少可服務八年或
十年也，感情之婢女，出嫁後亦有與其主人作親屬來往
，照舊習互相提攜，彼此有關係，尤與兒女交情更篤，
而對於婢女方面，其幼時免受饑寒，學識針黹，又識字
，又習染好行爲，若係貧人之女，爲能得此也，婢出嫁
與人，又得好人家，若有餘資，又可能相助其父母兄弟
，蓋有多數婢女，因嫁得好人家，有資以扶起其父母兄
弟者，有等村鄉初生女孩，無人領受，若係貧人之子，
一窮漢，其入息不敷養家中衆口，逼得將其兒女捨去，
或逆其妻亦能不保存，至於其年邁之母，亦憑人憐邮而
己，以上理由，可能答覆慈善及謀利問題也，尚有數小
事，可能研究者，於未有奴婢之前，子姪牽侍女兒叔伯
爲女者，侍候老母伯母等，則經書所言，卑輩向尊輩定
省晨昏，爲命是聽，執卑賤之役，加以勞力於田畝及畜
牧等，並無工值者也，若未得尊長之歡，即背鞭跪下請
撻，若有尊長命其死，亦不得不死者，無論公平與否，

香港蓄婢問題

八十

亦無法可挽救，自有奴婢之後，爲子姪者漸漸去除擔負
，以奴代之，此等舊習，現已全失，與今日所繼者實係
不同，我英人朋友對於妹仔問題，經已將意義詳論，故吾
要詳解，而前者西報向僕詢問，謂係關奴字意義，照吾
人意見，爲父者積蓄資財，遺下其兒女，亦係奴字意義，
蓋不辭勞苦艱難博利爲其兒女謀幸福，非奴而何，故
爲子者可稱之爲東主，爲父者可稱之爲奴矣，即如余爲
汝作事，余亦可稱之爲汝幹事，未有若中國內地
農民妻之工作如此艱辛者，蓋彼蒼天未曉則起向河或井
擔水煑飯；向山上制草伐木爲薪，幫助掘地種植，補縫
衣服，撫育兒女，養雞豬，侍候家姑，或織布製線洗衣
卷米等，由天明至入夜，終日勢苦，日日如是，並不少
息，雖其子長大立室，其工作亦不息，蓋仍要助其媳作
工也，而所衣所食均極劣，所謂妹仔者，又常其夫生氣時，致被責屬
，或被鞭撻者，此等婦人各處地方均有，所謂妹仔者，爲女
係此等婦人之女，其母如此艱辛，方能保存生命，爲女
者其苦況可知耳，常有年少女子，在山上看牛割草，負
重來往田中，此等女子，長大即係此等婦人也，
至謂妹仔問題，有關乎外別種類之說，此說余不苦了了
，若謂此係華人智慣，若不去除，華人則終係華人，英
人終係英人之說，然雖立例廢除，亦不能使兩種人之情

性思想聯合而爲一者也，然種類分別最昭著者，莫如現時所行之華人則例，設立華民政司，特別留開地方，與歐洲人居住，又祇係華人犯罪者施以枷號示衆及笞刑等，此說本不欲牽入今日所議者，然因犽刺西報詢及分別種族問題，故畧爲答覆矣，今日在座諸君，有多數朱薆語風士人情，其於華人習俗之見聞，未必在此婦人之下，如衆蓄婢有諸多弊端，何以並無一位獻議禁止，或取締呢，是日問題六條，謹將鄙見依次序上達簽聽，伏望諸君抒己見，以便探擇施行，

係對於貧民有莫大影响，然若廢除之，此等女子與其父母寶有益與否，譬如今日香港政府照十年前粤省警廳一式行事，則有一萬至一萬五千婢女交出與政府接管，其中有年紀幼稚者，有年己及笄者，此等婢女，係撥公欵以養之乎，抑或交囘其父母乎，若有多數父母不願意歸政府管理，或不願囘去與父相處者，政府卽施其權力，將凡有婢女之家逐離本港乎，或強將婢女率去，另擇地方留養乎，前議在港建設工藝所以教育在街上無牌照售物及犯罪之童子，尚恐內地之童子源源而來，人數過多，今若將妹仔之數減少，豈不畏娼妓之數大加特加乎，然所謂港女者育女者，係一種人欲買女子爲娼之掩耳盗鈴名詞也，余今已將所探集意見仰說一切，還請諸君答覆此問題，及呈達意見，免爲人指責，及是否有不合之處，必須干預者，主席發言畢，繼由何澤生君發言曰，此事係由英國希士

母寶有益與否，對于廢除與否，余未有何種關係，所要磋商者，

妹仔者也，對于今日之意見，余未有何種關係，所要磋商者，

劳活夫人發生，其詰詞即爲吾人今日研究之資料，以本港歷任官員如梅含理大人駱檄大人蒲魯賓大人金文泰大人馬斯德大人夏理德大人胡樂甫大人法禮大人羅士大人及數十位於候補時期，均曾在廣州省城數年學習華人言語，其於華人習俗之見聞，未必在此婦人之下，如衆蓄婢有諸多弊端，何以並無一位獻議禁止，或取締呢，是日問題六條，謹將鄙見依次序上達簽聽，伏望諸君抒己見，以便探擇施行，

一，妓女多由猪花而來，養猪花者多闔龜婆之流，其養婢女者，法與養婢不同，多作蜷蛉看待，不供服役，妨損其容顏，以蜚長大多賑財，供其養母之用，親生女兒亦手足。以蜚長大多賑財，供其養母之用，親生女兒亦間有爲娼者，至于婢女甚少當娼，蓋主人不敢將婢賣落河下，誠恐該婢或其父母控以賣良爲娼之罪，不獨本港有例禁，即中國亦有例禁，

二，奴與婢大有分別，爲奴者代代不能脫離奴籍，中國於前清經已禁絕，爲婢者一俟出嫁，便有自主之權，

三，爲婢者係以供役使，間有主人收爲義女者，亦要該婢願意方可，罕聞有被男主人玷污後轉售他人者，其婢之父母斷不肯袖手旁觀，萬一有此等憾事，任其主人欺凌而不告發也，

四，養婢之習慣，中國向來未有例禁，前數年陳景華在廣州省城曾有議禁養婢之事，但以辦理不能得手，卒之

作爲罷論，

五，本港向例處虐待婢女，定以監禁之罪，但即使親生兒女，如有頑皮或不遵敎訓，父母尚且施以薄責，李於婢女何獨不然，

六，中國貧苦之人，如有兒女數口，撫養艱難，將一女賣與人爲婢，冀此多得豐衣足食，勝過在家捱饑抵餓，亦有將女賣去，得同銀兩，藉以做小生意以保全一家數口者，如果買婢，恐難免有將女溺死或撻死等弊，本港數內地不禁，亦無補於事，倘要婢女註冊，必須隨時巡視，根本救濟之法，籌善法將此數約計有數千婢女妥爲安置，方可勿使虐待婢女，況香港例禁，而之婢女，其數約計有數千口之多，若定例永禁，必預先然難免差人穿房入舍之騷擾，何不由我華人結一團體，漢擧値理一班，勸諭蓄婢之主人，切勿虐待婢女，並有權代被虐之婢女申訴，是否有常，仰祈酌裁，

劃何二君發言旣畢，遂請各界演說，於是首由陳君廣虞起言曰，鄙人素來不主張蓄婢，俾得團衆，在三十年前已將家中所有婢女送回母家，蓋不忍人之骨肉分離也，現下家中已無一婢矣，惟近日英國有人質問本港蓄婢之情形五條，我華人決不承認，（所謂五條質問者，即一養婢是否係充作妓女？二爲婢者是否爲奴，三爲婢者是否否供男人取樂之用，俟男子厭棄之時即轉售他人，四養婢之智慣，中國曾否例禁，五爲婢者其主人是否任意將

八二

其虐待，）惻隱之心，人皆有之，我華人其肯作此禽獸之行乎，（鼓掌）爲婢者雖有時被主人虐待，然此等不循人道之主人特居少數耳，即爲父母亦間有虐待其子女者，此誠無足異也，但今日告人之討論此項問題，意何在乎，蓋本其胞與爲懷之心，爲婢女謀救濟之善法也，但吾人試思人非貧之至無以自存，又誰肯骨肉割棄者，賣與富女者之苦衷，皆仁人君子之所惻然動念也，故爲根本救濟之法，宜從維持貧民生計入手，然則何不倡設一會以維持貧民生計乎，（鼓掌）次由潘日階演說，累請禁止虐待婢女，係爲應有之事，吾會親見一婦人，僅四婢懷加虐待，至令人不堪寓目，言至此，主席欲止之，將三旋又請其續言，潘君乃續言曰，該婦所蓄三婢，一約八九歲，一約十三四歲矣，我曾見其虐待一婢，竟主彈之食養，左手持養而右手執鞭，役幼弱之婢女，固不敢稍示違抗也，又見其勒迫一婢使之跪於局出上，雙膝之痛苦爲何如乎，其尤甚者，則將竹椅倒置，而勒令其跪於其上，復以木盆覆於該婢之頭，然彼猶以爲未足也，乃又再以巨柴一把而置之於木盆之上，試問此幼弱之婢女，其能受此慘無人道之酷刑乎，則立例以禁此兇悍主人之苛酷，亦剝不容緩之擧也云云，在潘君之意，無非欲將此慘酷情形表而出之，使大衆合力以救濟婢女，其意本善，但座中有多數人以爲福君所說；

雖鳳實情，但當時有西報訪員在座，潘君乃將華人最黑暗之事，當衆揭出，致將華人社會之黑暗情狀，傳播世界，實於華人名譽有碍也，常時何君棣生起言，大意謂鄙人今日到會，本不欲有所表示，但因感於潘君之言，故亦起而一言，鄙人以為照潘君所說聽來，一個罪人，比較該婦為尤甚也，言至此，滿座相顧愕然，盖何君此說突如其來，不知其究何所指也，潘君豈不知本港律例不許人虐待婢女乎，潘君既云親見該婦虐待三婢，竟至如此殘酷，乃不將此事告之衆人，令為伸訴，潘君又豈不知此幼弱之婢女，無自由伸訴之餘地乎，故鄙人敢謂潘君之罪，實浮於該婦也，言畢，滿座皆注目視潘君，且有笑之者，潘君亦起而自辯，以致全塲譁然，嗣由何麗臣君起言，潘君所言，亦非於本問題無關，彼亦發表其個人意見耳，遂請大衆從根本上討論，至是港僑負販烟草會主席鍾雲山起言，畧謂中國人生計困難迫不得已，始將子女鬻賣，若竟禁之，是使之束手待斃也，但我亦頗以蓄婢為無益，難禁我之子不將婢虐待，更難禁我自己雖不將婢虐待，蓋我自己雖不將婢虐待，於是提出一辦法，間宜改賣為婢，雙方寫立單據，按至十六歲或十八歲，即復回該為按，鄙人今日得此良機，以與諸君相會一堂，討

論此重要之問題，此誠莫大之幸事也，鄙人請先將主席宣布之五問題逐一討論，然後再附以鄙見，諒在座諸君亦所樂聞也，但鄙人先有一言，請諸君切勿隨聲附和，須知切勿因人多鼓掌，聲勢雄偉，遂亦隨其說以轉移，須知人人皆當有一定之主見也，鄙人請先將問題逐一研究，

（一養婢是否充任妓婦）鄙人敢云不是，然亦不敢盡謂其不是也，頃間主席不云乎，不云有人專槽猪花之賈乎，養大則為妓，此係直接使之由良而妓者也，又有初時本非立心買作妓女，但因該婢不遵敎訓，乃轉嬲別人，別人又以頑性難馴，卒之賣落河下，又或有因年長未嫁，弄出弊端，主人不能將其嫁人，乃不淪為賤業而為妓者也，鄙人以為婢制一日不剷除，則拐賣人口之案一日不能減少，盖有相而然者也，（鼓掌）（二為婢是否為奴）照頃間主席所解釋，謂奴與婢同是一流，不過男則為奴，女則為婢，奴則終身服役，婢則嫁後可復自由，其分別在此，然照此說來，誰敢謂即婢是奴，然則此條似可謂不成問題矣，惟鄙人之意，以為婢與奴不同，然婢嫁人為妾後，又再受大婦虐待，其痛苦與為婢時無異，是仍彷彿為奴者之終身失其自由權也，（三為婢者是否供男主人取樂之用俟男主人厭棄之時轉售他人）

諸君子乎，鄙人以為養婢者，雖未必皆為自己娛樂，迨厭棄之時而

轉贖他人者，亦不能謂絕無其人也，（四養婢之習慣中國會否例禁，此條吾人試細思之，我國古時之所謂奴婢者，係因其父母犯罪，因而罰之為奴為婢耳，今日中國之婢女，是否亦如是乎，非也，乃以錢買來者耳，鄙人以為今日研究此問題者，則養婢之當禁與不當禁而已，如以為不當禁，則可無說，如為保持人道計，同題無此婢制之不可復存，則徑行禁之可耳，何待問中國之有日與無例耶，鄙人請設一最近之譬喻以明之，譬如本港別業主起租之例，無撥引中國曾否例禁之必要也，（五為婢者其主人是否任意將其難為（此條任意二字須審察，須知世間無論何事，皆不能任意為之者，香港政府對於一雞一雀，亦有例以保護之，不許人任意虐待之理，且本港有華民政務司管理虐待婢女之事，又有保良局保護婢女，是婢女之不能任意虐待，已彰彰明甚，惟各位須知，以一無知識之女子，被主人虐待時，能躬身往問華民政務司或保良局紳投訴否，鄙意則以為絕無也，婢女為主人虐待，倘無旁人為之護助，則惟有含冤負屈而已，以上五問題既答復如此，鄙人尚再有研究，於是續言曰，諸君乎，婢女之失其自由，其感覺為至慘也，且婢女之冤屈，為主

人者亦多不覺，譬如有一婢為大少則令其出廚取水，而大少奶又令其裝烟，蓋大少已有使令在先也，婢只一身，安能同時兼作二役，答應稍遲，鞭撻隨之矣，設該婢欲將此事說明，則主人又必斥其大胆駁咀，聲言出口而籐條又至，是為婢者雖有冤屈，而無伸訴之餘地，其痛苦為何如乎，甚而作工無一定之時間，三更半夜，無時或歇，深宵之時候方終，清早之呼聲又至矣，此非將婢女之自由權剝奪淨盡乎，鄙人以為婢女與妓女比較，若以名譽論，自然為婢較好，其餘各事，則為婢實慘於為妓也，吾人呼奴佈酒，將妓灌醉，擁母且出而干涉，若婢女則無論如何冤屈，皆無人為之伸訴也，且婢女不獨被剝奪其為婢時之自由權，而已失其終身之自由權，且已被人剝奪，其子孫之自由權，亦已被人剝奪而無遺矣，何謂終身自由權，蓋大婦所出為嫡子，妾侍所出屬庶子，庶子不能與嫡子享平等之權利，其不平孰甚乎，（鼓掌）據此種種以言，則為婢者之自由既已剝奪淨盡，為婢者之人格如何益可知矣，故婢制在今日，實不可任令留存者也，楊君又言，頃聞主席先生所說香港賣婢是寫立契帖者，與內地之寫

立開身契者不同，蓋本港例禁買賣人口也，惟鄙人之意，以為寫身契與寫賣契，表面雖不同，實際則無異，編易賣契為規避禁例耳，不過為送帖與寫賣契，不過為規避禁例耳，（鼓掌）養婢之習，實於國家之強弱有關，中國地大物博，人又至衆，何為一弱至此，此無他，有人格之人少，無人格之人多耳，婢女失教育，無學識，自由既被剝奪，其所生之子女，以嫡庶關係，不能享平等之權利，是亦不能完成其人格，是則養婢陋習，實足卑中國一部份人而失人格之人，其國又安得不弱，雖養婢者間亦有送入書塾致之讀書者，然此特少數之又少數耳，基於上述之各種原因，則婢制之不可復存，亦已彰明甚矣，（鼓掌）即為自己子孫計，亦不宜使婢制之復存，蓋人不能保其永代殷富，今日之子孫，難保他日之子孫不為他人之婢女也，我既不願己之子孫作他人之婢女，則不當復以他人之子孫作自己婢女也，（大鼓掌）若以經濟問題為言，謂中國人生計困難，貧家之女有因不能自養，至投之深淵者，若禁之以死，是不啻迫之以死，此說自表面觀之亦似有理，雖然，世間之買賣婢女者，其立意果真欲救此無衣無食之弱女哉，彼實為自己便宜計耳，蓋彼買婢者，婢女則無之，以為僱人作工，猶尚有違抗使令之事者，婢女則無之，試問今之買婢者，果真為貧民打算乎，抑為自己打也，

算乎，即讓一步言之，謂買婢為救濟貧民，係屬於慈善事業，不知買婢實乖人道，吾人斷不能將此有乖人道之事，以作慈善事業也，（鼓掌）故我華人政府，（鼓掌）養婢之習，實於國家之強弱有關，中國致，其因賭敗而賣者，亦往往有之也，（鼓掌）故我華人為本身利害計，皆當將此婢制革除，我不敢請諸君從大者遠者著想，無從小者近者著想，我不願諸君意見呈明政府，立將婢制革除，則造福人羣不鮮也，（鼓掌）機由湯壽山先生起言，主張設立一會，研究維持之法，其有虐待婢女者，則將其婢撥入教養院，本港龔婢，吾人極為贊成，請劉何二紳轉達政府禁絕買賣人口之事，黃錦英起言，大意亦主張革除婢制，發揮自由博愛之說，謂曾目擊虐待婢女之慘，必須革除婢制，乃可維持人道，及減少拐帶之案，且女子為國民之母，革除婢制，即使國民得以維持其人格云云，顏君裕起言曰，養婢問題，楊少泉所說已先我所欲言，鄙人今尚再有所言者，以為養婢實乖人道，且婢女既受主人之責罰，而主人因犯虐婢例之故，又須受政府之責罰，又何苦留存此不良之習慣，馮儼修起言，今日所提出討論之五問題，意亦以為婢制應當革除云云，其意主張亦革除婢制，又何麗臣起言，婢女既受主人之責係消極問題，吾人當從積極方面著想，另謀根本解決云

八五

云，黃君廣田曰，在座諸君各發揮偉論，皆以爲養婢在當禁之列，鄙人之意，則與大衆有異，蓋以爲凡事預則立，不預則廢，無論講到問題如何利害，嘗當胸有成竹，不能一味以口講便算了事者，今日所討論係婢問題，利害相衝，尤當思及處置辦法，我責廣田家中並無一婢，此心中有主張，廣田生平不畏強權，不趨炎附勢，不敢向天矢諸者，廣田之口，諸君在社何久，常知廣田之爲人，故今日發言，亦全由公理上着想，所謂虐待婢女爲，其中必有之，然有等父母亦有將子女難爲，今日諸君煌煌偉論，主張禁絕賣婢女，計誠得矣，其如現在本港數萬口之婢女何，其如內地之婢煌煌偉論，貧民既有夫婦，吾人不能設法阻止令其不行夫婦禮，（大鼓掌）內地

（哄堂）若不能阻止，則生生不已，貧民無錢養育，又將如何，試問香港現時有養正院收留婢女難，此數萬婢女究竟將爲無之，（三）婢者是否爲奴，此問題並無人答覆，（四）養婢之習慣中國會即將之轉賣別人，座中皆否認，（四）養婢之習慣中國會例將禁否，當時有何麗卮王愛棠牧師及教會中人共四名擧手，少數無效，（五）爲婢者其主人是否可任意將其難爲，此問題亦無人擧手，此五問題遂作爲並無其事，應照此答覆英廷，劉主席乃曰，今日已解決此五條問題，可

政府須行禁例易，將來處置婢女難，此數萬婢女將來置諸何地，試問教會中人肯担任瞻養此數萬婢女否，（耶穌大鼓掌）黃君說到與高彩烈之時，座中有耶穌中人竟操英語駁之，且辯駁須俟其人言畢，第二人方得起駁，英語，於是彼此幾如角口，是日太平戲院雖不演日戲，而座中已演出數幕絕妙佳劇矣，劉主席亦搖鈴制止，

起而言曰，諸君要明白今日之問題，係英京下議院有人提議質問者，吾人應將實情答覆，今日座中多有將問題中之題目觀念，致不能成議也，座中有講到買婢關係金國之興衰，題目未免做得太大，諸君肯爲中國前途謀幸福，辦事又能見其遠者大者，即妾侍制亦要革除方可，試問任座中與教會中人有妾侍者否，此重要之問題能君今日所說，不特婢倒要革除，即妾侍制亦要革除方可，若諸君能具如許魄力，能爲全國改良姆姻，整頓經濟，收養貧女，則我劉鑄伯所謂紳衿，必當追隨諸君子之後云云，座上均啞口無言，伍主席乃以今日討論之問題五條將一付衆表決，（一）養婢者，是否係養育以爲妓女，主席曰，此一條座中如果以我華人爲有此事者請擧手，座中人皆笑其爲龜公，證人肯認龜公即擧手，座中竟有擧手者三人，座中人皆笑其爲龜公，主席曰，此一條座中如果以我（二）爲婢者是否爲奴，此問題並無人答覆，亦無人擧手，遂作爲無之，（三）爲婢者是否供男主人取樂之後，到厭棄時

見皆無人肯承認，惟諸君子有欲請政府頒行禁例，禁止買賣婢女，鄙人素好做帶頭人，但恐君等口是心非，口講得而造不來耳，吾人在公衆社會辦事，總要問良心，諸君皆係慈善大家，今日對於婢女如何維持，請由各位定一日期，再開一大叙會，那時諸君可以整頓全國，改良教育，開放女子？唯諸慈善界之命是聽也，劉君言畢，各人默無一言，劉主席又日，自有定例局以來，華人議員因政府立例而在公衆之地開大叙會者，此實爲創舉也，蓋在三十年前，中國人對於公衆事業尚少注意，今則與前不同，蓋今日程度已大增進，良堪賀喜矣，但自此次以後，如英國行何種則例，我兩華人議長不去力爭，諸君尚敢罵我溺職否，王愛棠牧師日，只請主席依從公意，便是盡職，後卒由黃廣田倡議，設立一維持會，以輔助保良局之進行，湯壽山和議，全體贊成通過，議至六點二十分鐘方散會，

擬設防範虐婢會之招人入會告白

公啟者，日前在太平戲院會議，經衆表決設立此會，以防範或有主人將婢女虐待者，現議入會者每年繳納常費二元；如有志願入會，希將初年常費選交華商總會司理葉蘭泉先生代收，發回收條，並登註名冊，俟此告白登兩星期後，看入會人數究有若干，再行召集會議，組織辦法，並選舉值理進行，倘入會人數太少，致該會不能成立，則將已繳之常費派還，此佈，

　　　　　　香港定例局華議員劉鑄伯何澤生同啟

一千九百二十一年八月四日

防範虐待婢女會之消息

士蔑西報云，日前華人在太平戲院舉行大會議，討論婢女問題時，當經正式倡請組織防節虐待婢女會，惟目下華人對於此舉不甚踴躍，前日劉君曾向公衆表明應允擔任辦理此事，劉君鑄伯前曾向該報訪員稱說，雖訂曾以兩禮拜之期限，惟並未接到來函，自請爲該會會員者，當會議時，各人如此注意，並如此熱心討論，今竟漫不關心，殊屬可異，其故或因未有該會之辦法與宗旨宣佈，或華人持不干涉之政策，因此慈善事業，已由保良屆辦理，且據某著名華商之意見而論，謂即使該會成立，亦祇爲保良局之附屬品而已，故深恐該會難以成立云云，

防範虐待蓄婢會初次叙會

防範虐待蓄婢會同人於禮拜六下午兩點半鐘，假座東華醫院大堂開初次叙會商議進行事宜，並選舉值理主席，及舉分任值理，訂立章程各事，是日與會者二百餘人，

未開會之先，劉鑄伯畢東華醫院常年首總理李亦梅爲臨時主席，亦梅君遜謝曰，弟知識有限，辦事遠不及劉君，此臨時主席非劉君不可，於是邀推讓劉鑄伯爲臨時主席，李葆葵和議，劉乃就主席位，對衆言曰，在座列位諸君，今日叙會，各位己知，不必贅述，前者在太平戲院叙會時，大多數以爲應籌設之會，勸人勿虐婢女，所以本會之設，係由於常日在太平戲院多數通過者也，鄙人與同事何擇生代表多數人意見，自登報以來，報名入會者已有四百餘人，已繳納會費者三百餘人左右，今日在座者皆爲本會同人也，照鄙人愚見，以爲二元之會費，一次過收足，則不可再收年費，手續較易辦理，因將來會務發展，同人自必增多，收費極難，如孔聖會數千同人，每年收取年費亦太不易也，若收一次過二元，則樂助，敢信熱心同人，恐見如此，本悉諸君之意若何，至此會現時已有幾百人，已足數成立，今日最要者爲選舉值理，方能辦事，照鄙見值理須分任值理，方能辦理及一班，如此辦事方能週到，弟回憶辦理公立醫局時亦然，出總值理之中選出司庫司理兩位，但兩定例局員不可舉他爲正副主理，因他兩位爲各界代表，係代表本港各方面者，照鄙見舉兩華人代表爲名譽會長，至常川辦事者，則仍由值理

八八

舉出正副會長，此後每屆之定例局員則爲名譽會長斯可矣，至於總值理約由廿五位至三十位，各環之分任值理，則以每環之大小而定多寡，至今日議事手續最要者，莫如司理，須先舉出一司理，辦事方有端倪，弟倡議以司理一職，黃君廣田爲最合格，李葆葵和議，衆贊成通過，劉主席又舉李燊光爲司庫，周少岐和議通過，主席乃請在座中各位畢出總值理，惟各人皆遲疑觀望，良久仍未選出，劉君乃起曰，各位以爲急切未能畢出，弟試將合於辦事者芳名逃出，以待諸君採擇如何，乃讀出如下，曹善允，周少岐，何棣生，李右泉，郭少流，馮平山，李亦梅，謝家寶，伍漢墀，何世光，周俊年，唐溢川，黃屛蓀，郭桃溪，羅旭和，羅文錦，葉蘭泉，馬永燦，何華堂，羅世基，湯壽山共廿四位，司庫黃廣田，共廿六位，爲總值理，後有倡議加入保良局常年總理東華醫院總理爲此會之總值理，周壽臣和議通過，何君世光又倡議加入團防局各紳及岑君伯銘爲總值理，邢蘭亭和議通過，壽山又俱議加入方言工會，錢福禧爲總值理及分任值理，謝君家資又議加入何世榮何世亮二位，黃炳耀和議通過，劉主席曰，今日事急，或者向來勇於辦事者，總記其名，弟倡議總理及分任值理有權推廣其額數，何君澤生和議通過，至是劉君鑄伯請在座各值理畢正副

主席，劉君舉周少岐爲正主席，郭少流和議通過；周君辭曰，弟年老事緊，無暇可辦，請各位另舉賢能，弟明知辦不來，若勉強辦去、又於事無裨、故不如其已也、諸君諒之、弟擬舉曹君善允以代、劉君錦伯曰、今日曹君未在塲、未知其肯接受否，於是司理黃君廣田起而出，由電話向曹君徵求同意，惟是日爲禮拜六，電話不能傳遠，後由何世光舉李榮光爲正主席，座中有謂李已被選爲司庫，爲能又爲主席，何世光曰，李君爲此會之主席，莫善於此，至司庫一缺，可另覓其人云云，在座皆以何

香港蓄婢問題

君之言爲然，劉主席曰，如此則以每屆保良局料理爲正主席爲合，周俊年大律師和議通過，至司庫一缺，周俊年舉謝家寶充任，李榮光和議通過，以李保衆倡議，以每屆之定例局議員爲名譽會長，周壽臣和議通過，謝家寶舉郭少流爲副主席，鄺見以爲副主席，劉錦伯曰，鄺見以爲副主席一缺，以每年保良局之前一任首總理爲之、因保良局現任總理爲正主席前任則爲副之，辦事既易，文錦湯壽山葉蘭泉李亦梅黃屏孫馮香泉七位爲訂立入會章程，分任值理，何棪生和議通過，主席又曰，各環之分任值理如何，葉蘭泉曰，鄙見以爲各環之外任值理，待遇日總值理叙會時，各人名齊集方可選定，今日事

急、時候無多、實不能急速進行矣、衆亦以爲然，至是劉君宜言，謂居民若對於保護蓄婢女，見有虐婢者，須往投報分任值理，但若尋分任值理有難覓其住址者，事願繁瑣、不若效公立分局辦法、居民有事關於蓄婢女要投報者、可到東華醫院華商總會保良局華工總會與及各埠之公立醫局分局投報則可、衆贊成通過，劉主席曰，今日所議之件已完、甚望各位辦理此事成功、進行不懈、因婢女之事、向能辦到安善者也云云，時已三點半鐘，遂散會。

防範虐待蓄婢會叙會

防範虐待蓄婢女會昨日下午兩點半鐘、假座華商總會開會員大叙會、討論分任值理所訂定之章程，並付表決事宜，至二點三角鐘開會，前次在東華醫院叙會時、公會舉李榮光爲臨時主席、是日開會時、精舉劉君錦伯爲臨時主席，先由司理黃君廣田起而宣讀在報紙所登之請叙會告白畢、劉君錦伯起言曰、前已講解、今不贅述，惟分任值理、目下已將章程妥定後、方背爲臨時主席者、今他太過謙遜、擇云須各章程妥定後、李榮光爲主席、是日開會之本會之宗旨、今不贅述、惟分任值理、目下已將章程妥定後、方背爲臨時主席也、本會之宗旨、今不贅述、君登之請叙會告白畢、劉君錦伯起言曰、前已講解、今不贅述、李榮光爲主席、是日開會時、精舉劉君人表決、此章程未表決之先、請逐條妥訂云、至是由司理黃君廣田將章程逐欵讀出畢、劉君錦伯倡議將章程

八九

第二欵宗旨，本會以人類互相善愛爲前提句，則去人類二字，以免語弊，周君壽臣亦提議，將第十三欵（堆一總結）四字刪去，免重疊而歸簡略，除此而外，一律通過，主席劉鑄伯君曰，各章程之意義，將交由分任值理譯爲英文，又請黃君廣田將上中下環及各處之值理名迭出，常堂通過畢，主席謂尚有四環公立醫院之值理，未曾加入，請司理行信前途，請其加入，主席又曰，前數日九龍有一婢女訴告，有爲難之處，後托曾富君調查，極有效果，所以分任值理，各處省常推舉多人，較爲利便也，羅君世基起立，倡議將譯就英文之章程，寄一份往華民政務司，乘僉云合，湯壽山起言，各分任值理，須要極力帮忙此會，介紹多些入人入會，本會即多些耳目，辦事進行之消息，亦較靈通，異日本會之結果，是亦歸于妥善，各宜有衆志成城之心，不可放棄責任，是弟之所厚望也云云，葉蘭泉君起言，最好由分任值理組織徵求隊，更易着手，彼此討論良久，主席宣佈散會，

反對蓄婢會之組織

八號晚有教育會中人楊少泉張祝齡王愛棠顏君裕等約三十餘人，假座華商會所二樓楊少泉牙科醫館，籌議組織禁止蓄婢會，公推黃茂林爲正主席，楊少泉爲副主席，其餘職員亦約舉定，然要臨時籌辦成立之後，再開大會，公畢訪員往見黃茂林君，詢其組會用意及宗旨，黃君云，今尚未定章程，不過各人見得現世界潮流係不應有蓄婢之陋習，前次在太平戲院大會時，曾有人提倡禁止蓄婢，但主席劉鑄伯又不付衆表決，所以有此會之組織，其宗旨不外以禁絕蓄婢爲目的，（問）此會之設與劉何二君所發起之維持虐待婢女會，是否立於對敵地位，（答）誠然，劉何二君所謂維持虐待婢女者，顯然尚有婢女之制度存在，惟鄙人等所組織之會，是在於完全禁絕婢女制度，誠不可同日語也，吾人以爲維持保護，仍恐中有流弊，總之有流弊者，即要革除，何時與今時思想不同也，（問）婢女來源不可不知，凡辦事要由根本上着想，誠如足下所云，現在之數千婢女如何安置，（答）此一層吾人亦已想及，以爲要設法安置之婢女，只居少數耳，若以內地貧不能賣女，則無以養活全家，此誠迂儒之論，鄙見以爲禁絕婢制，則拐帶與樁豬花賣良爲娼之案，當可日見其滅少也，至謂處置問題，吾人所議禁絕婢制者，非云將婢女盡趕出街也，不過不容再有婢制存在者，如現在之婢女，其在十六七歲之間，必非坐食者，必能操作者，則計回一年之備值，恢復個人之自由，只年紀幼小者，要設法安置耳，然此亦居於少數之列耳，如其中有婢女年紀幼小，又無親人料理，主人又不顧再爲蓄養，則將來要籌辦安置，或請呈政府帮助

進行，此皆後來辦有成效，方能逐步進前者也，弟現在承衆人舉爲臨時主席，自己才疏，惟以此爲公益，亦勉爲其難，甚願日後有多數慈善大家出而匡助，那時弟則可卸仔肩，讓與有才者擔當矣，（問）此會是否完全由耶敎人籌設，曰，否否，並非全由敎會中人，尙有多數外界之慈善家也，

反對蓄婢會二次敍會紀實

反對蓄婢會各同志於十五號晚八點半鐘再次假座大道中華商會所內楊少泉牙科館開第二次敍會，討論該會之章程宗旨及一切進行辦法，與會者連正副主席共廿二人，至八點三角鐘方開會，臨時主席黃君茂林起言曰，列位同志，今晚我輩開此敍會，大衆皆知前次會議之後，已派出幾位外任値理，參訂本會之章程大綱，今晚未辦理此事之先，弟當代表各同人歡迎今晚初到之兩位先生，一爲李瑞琴先生，一爲周煥賢先生，（衆鼓掌）至此會之設，吾人見得蓄婢爲我華人之陋習，即常革除，吾人設立此會，非有一點私意於其間，不過聊盡吾人之天職，力查積習之不良者而革除之，務達到此目的爲止，無論中西各界，吾人做此研究之工夫，並非沽名釣譽，不過見事不平，故毅然而爲之耳，李瑞琴先生爲

吾人之同志，今晚惠然肯來，該座中各位亦爲之歡喜者，李君爲港中有名譽之人，鄙人知得近日男女之獻喜者，其中有日中操作異常艱苦者，本港政府會設立一會，照譯西文意義爲（保護男女幼童會）瑞琴君被委爲該會會員之一份子，可知李君平日對於保護幼童女非常留心，今晚到來，弟代表各位請李君爲本會之値理，（衆鼓掌）至是晚叙會所需辦理者爲參訂章程，未討論之先，請書記先生將前次議案宣讀，顏君裕君起對曰，該議案文件，今晚未有携來，可否下次補讀；主席曰，如此則俟下次補讀便是，如日後各位同志見有熱心家與本會同志者，不妨聘請他爲本會値理，或辦事員，今請司理顏先生將今晚應討論之章程對衆宣讀，看有無修改，俟通過後，再行印刷分送各同志云云，至是顏君將章程由第一至十四欵逐一宣讀，互相討論，修改妥善，

（一）名稱，定爲反對蓄婢會，西名譯爲 Anti Miutsiu Soc iety 主席黃君謂此會之所以有西名者，表示中西人士之入會之意義，（二）宗旨，反對蓄婢惡習，助人覺悟，並籌設善法，務達到革除婢制爲宗旨，（三）會址，暫假大道中六十六號二樓楊少泉牙科醫館爲通訊處，西文通訊處，（甲）太子街挼記洋行晏德臣先生，（乙）屈臣氏辦房黃茂林先生，中文通訊處，（甲）楊少泉先生，（乙）顏君裕先生，（丙）般含道禮賢會王愛棠牧師、（四）會員，凡贊

成本會宗旨，無論中西男女屬何宗敎居何地方皆得爲本會會員，主席曰，此問題一出，可以杜絕人之誹謗，謂本會完全爲耶敎所組織者炎，（五）會費，凡爲本會會員者每年約費五毫，多捐者尤爲感謝，每年由八月一號起至明年七月底止，（六）職員，舉正會長一名，副會長二名，漢文及西文文牘各四名，西文司理一名，司庫司數各一名，漢文司理一名，部員十名，如各部員有不足用者，可由幹在部長一名，部員十名，演說部長一名，部員十名，調事值理表決隨時加增，（七）幹事值理，凡正副會長及司數司庫中西文司理各部部長合爲幹事值理，（八）年會，每年一次宣佈會務，並邀聚職員，時期不能延過十月，（九）特會，如有要事，會長以爲須開會時，如各會員，須得幹事值理多數同意，如有會員邀請主席開會臨時大會時，議者，則須得全體會員五份之一簽名認可，乃得召集，（十）通告，凡開會員大會，皆須預一星期通告，（十一）任期，職員以一年爲限，期滿常選仍可連任，（十二）成會，幹事值理敘會時，倘出席人數過半即成會數，如年會或特別大會人數能滿四十名亦成會數，（十三）修訂，此章程如須修訂，則須登報召集會員特別大會，經出席人數三份之二乃得表決，（十四）一條爲辦法，但當晚因時候無多，未有表決，惟以上十三條均經座中表決通過者也，常晚議論極多，由八點三角鐘討論至十二點四十

五分鐘始散會，

九二

反對蓄會蓄婢主席之言

星期二晚關心於擬設之反對蓄婢會人員大開會議，商訂組織該會之章程，士蔑西報訪員昨見該會之臨時主席黃茂林君，談論該會之進行方針，黃君謂該會之進行，大致限於分派單張文件及四處演說，表論此事，目下已有飽受西學之華人，担任各畫件，將分爲中英文兩種，其內容將蓄婢之不良解釋一切，刊印分派，由此則可期港中居民明白，而棄去此不良之制度也，黃君續謂倘能令婢女對於繼續在其主人家中作工與否，有自由取決權，如使役無異，則此制度將或可廢除之，直至於年幼未能作工之女童，於廢除此制度之時，則宜組織一會收養之，至其能自治乃止，如此等會之組織，乃爲慈善起見，故屆時必須力富家之助也，

反對蓄婢會宣言書

香港婢女問題之由來　一千九百十七年。些喇巴士打狀師辦理虐婢訟務。本港各報喧傳。多人注目。後續有陸軍司令聲獲。及海軍少佐希士勞活之夫人。首先提出貿問。孖喇西報主筆吉禮君等。亦常繼續討論。先後數年之久。以故英人多留必此事。且有質詢英屬土剞以仍有

蓄婢之習者。英下議院議員亦有如是質問政府。並請英庭令行港政府立例禁止。以故本港定例局華議員於七月三十號二點三十分在太平戲院有蓄婢問題之大叙議。推英議員之意。亦只為本國之光榮及女子之痛苦。五敀提議此舉。惜常時反對蓄婢者之議論。同人等慨然憂之。而蓄婢陋習。深恐因是保留。

○一以救婢女之苦。一以答西友之心。不揣冒昧。謹刊發宜言書。惟我邦人君子留意焉。

（一）蓄婢之流弊　（甲）有藉蓄婢為名而蓄妓為實者。近日本港公正報覺所發表之言論。透發無遺。可見其事彰彰在人耳目。無可隱諱而不容贅述者也。

（乙）待遇婢女實與奴相類。奴者無他。是故奴由購買。婢亦出財買受。而剝奪其自由者也。出財買受。剝奪其自由而已。婢亦由於購買。奴可全權役使。婢亦可全權役使。奴可轉賣。婢亦可轉賣。奴作工不給資。婢作工亦不給資。奴者無他。所分別者。則屬男累。婢屬女。道人而止。婢之地位。實無大異。而剝奪其人權則一也。

（丙）寶有任意苛待者。試觀本港虐待婢女之案。已登報章者。已數見不鮮。其未發見者。當不可以數計。他如任意取樂。厭而轉賣者亦常有所聞。不過車屬曖昧。無庸取証耳。凡此皆同人等承認蓄婢之諸弊也。

（二）革除之主因　（甲）有傷人道。凡被為蓄婢者。多屬少女。以此弱小之身。使供煩雜之役。慘苦自可想見。況遇主人之無良者。衣食則必求其薄。任事則務責其周。驅遣無時。疾苦不願。幸而得告長成矣。或配以老夫。或嫁為姬妾。不計生人之苦樂。只求身價之維豐。待價而沽。視同商品。此其有傷人道者也。（乙）敗德喪行。大凡蓄婢之習。蓄婢者則以主人自命。被蓄者則以奴隸自居。階級之別既嚴。親愛之情必乖。賣焉多則流於殘忍。呼喝慣則別飲無怨。邪淫放蕩。敗好色之流。收作偏房之寵。致傷風化。加以導淫之藪利。此其有壞家庭之進德者也。（乙）敗德喪行。

英國法學博士域吞（Wheaton）之言曰。買賣奴婢。乃萬國公定為可惡之罪。今我國之人。雖居外埠者。竟敢私相買賣。干犯公法實義而不恤。雖謂事關俗尚。似可自寬。登知違逆典章。寶滋玷辱。自儕化外。砚然不知自愛。（丙）大損國體。歐美各國于柏林會議。一千八百八十五年。須依公法定義禁止之。以故文明諸國。公定凡將為奴婢買賣者。縲為禁條。

（二）有傷風化。此其有損國體者也。至如長鬻女之風。尤常禁革。有此歡因。故同人等承認蓄婢為必須革除者也。則有傷風化。援亂治安。

（三）救濟之偏（從言）　今之主張保留婢制者輙曰。人民生計日窘。故攜女求售者日多。所以蓄婢之家。在買

者固可得廉工。在賣者亦可資救濟。於貧戶不無少補。言之亦頗成理。抑知非也。蓋救濟者。必於已能竭其犧牲。於人能保其人格者也。今乃出己之財。而換人之女之犧牲何在。以己之女。而易人之財〕有人於此。貧窘賣其。攜婦求售。善救濟者。將買其妻去乎。抑出財而舍其妻去乎。賣妻者。乃失人格。仁者亦安忍承買之乎。賣女者亦失人格。將買其女乎。抑出財而舍其女去乎。賣女者亦失人格。仁者亦安忍承買之乎。可減溺女之風。仁者亦安忍承買之乎。論者又謂蓄婢豈不買女爲婢乎。女之溺者。抑今時人少溺女。皆因養之以備將來之鬻乎。女之溺者。多在生後一二日。婢之買者。多在長成五六歲。與事實並無關係。總之婢之買者。多蓄婢之智。實求自己私利。據某報日肆街者所言。烏得率合言之。婢女被虐之本因。

（四）防範之無補。查婢女被虐之本因。實出於契約之束縛。如曰任由銀主安置。如曰山高水低。各安天命。種種言語。皆明婢子之措。蹤死生。盡屬於主人之手。是故婢女則自知而不敢抵抗。旁人則徇情而不便干涉。而主人則除法律所及者外。肯可任意而爲。此婢女所以被虐之根本原因也。是故欲拯救婢女。不受虐遇。亦惟有

收銷契約之一法。使買婢之事。從此剷絕其根本。而已之亦婢。亦可由是而得釋。是即諺所謂一刀兩斷者也。買之婢。今乃不此之圖。惟曰設法防範之。不求去其根。而偏遺其毒。吾未知其可也。且國家已立法懲罰之炎。又設警干涉之炎。而偏團之稽察。仍復如故。乃不助人人之監督。善團之稽察。吾未知較於法官警士果能有效否也。視防範待之事。亦惟身受者自爲防範之之否也。視防範待之事。故曰代之之防範。宜取銷契約。否則如止沸而不抽其薪。惡醉而仍強以酒。徒多事耳。此同人等所以誠妙喻哉。而惟代之之防範。承認防範蓄婢虐婢之無補也。

（五）禁婢之辦法。論者又謂婢制之須禁革是誠然矣。然其如無辦法何。一則被釋者何以處理之。二則留僱者何以監察。是皆主張保留者所爭論之要點也。抑知吾人所論釋放者。非盡取而解除之之謂也。蓋婢女之釋。首在將契約取銷。使不能有轉賣之效。後此仍可照常服務。至年期已滿。然後脫除。固不必盡以放回爲事者也。則須由國家。另立監護人。隨時考核。退可入院以安居。如是則出外有監護之人。入院有棲身之所。而又立敎養院以爲之收容。使進可勞力以自給。退可入而不至於零丁無事者也。或曰如此則於蓄婢者不幾損失主人女則自知而不敢抵抗。肯可任意而爲。此婢女所以被而滋擾之甚哉。日何損失滋擾之有。其辦理手續。亦祇

經過註册及監護人之稽察而已。如兩方有爭論之端
。則當訂有公正辦法。不致有所偏倚。

（甲）設法鼓吹。或用文字解明。或開敍會演說。務使社
會人士瞭然於蓄婢弊害。俾知革除。

（乙）請願政府。一立例凡前經買婢受無論作女作婢之契約
。皆取銷之。此後買婢賣婢皆禁止之。二註册可分兩種
。一屬傭女。一屬育女。傭女及育女之待遇。另以細目
訂之。（此細目須印明册紙之上）三婢女自取銷契約後
即須宣告家人。不得再以婢或妹仔稱之。四婢女之服務
至十八歲滿期爲限。倘未及期欲脫離原主。則須依公道
補囘身價。五僱主如屏逐傭女或虐遇。而經官判。交教
養院時。則身價不能追補。六傭女與育女皆由政府所委
派之監護人監察之。

（丙）設立監護人　一監護人由政府委派任之。二監護人
名額。由政府規定分區監理之。三監護人職權由政府訂
定之。

（丁）設教養院　一教養院之院所。求請政府撥出之。（
因此敎養院無久設之必要。約以十年爲期。故求請政府
撥出）。二教養院之管理法及其料理。另以條目訂之。
三教養院之財政。由各方善士捐輸。並求政府補助之。
四入養院者。凡育女之爲人虐遇及無所依歸之傭女。本

院皆當接納之。實爲現世所屏逐。斷無存留之必要。且
英倫西友。既已鼓吹於內。則吾港僑民自當贊助於外。
使此積年之惡習。從此一掃而空。而局促於淫威下之弱
女。亦得重覩天日。凡我邦人君子。無論有婢無婢。務
請贊成斯旨。一致加名入會。革除舊染。爲全國倡。有
厚望焉。

反對蓄婢會徵求同志小引

嘗聞胞與爲心。不忍一夫之不獲。買賣同類。寧乖人道
之行爲。雖詭名以惑愚。固公理之不許。此友對蓄婢會
之所由起也。同人等良知具在。天性猶存。憫婢女之折
磨。悲主人之閹嫚。思爲羣鼓。顧作慈航。藉筆舌以宣
傳。合羣力以將事。復囘人格。用挽頹風。庶正誼日金
昌明。蓄婢行將廢止。然而大廈之支。非一木之任。狂
瀾之障。登尺土之功。集腋方可成裘。衆擊乃能易舉。
爰修楮墨。致祈巾幗英雄。中西志士。痌瘝
在抱。不讓當仁。錫以嘉言。伏以實力。使人類惡習。
一旦廓淸。鄉國隆情。不致虛負。則婢女固自由可復。
主人亦賴善降祥。盡與乎來。幸勿觀望。

反對蓄婢會披露
青年會顧君裕君
屈臣氏辦房黃茂林君
中文　大道中牙科醫館楊少泉君
西文通信處　遠配洋行裴得臣君

反對蓄婢會簡章

一定名　反對蓄婢會

二宗旨　乃反對蓄婢惡習助人覺悟并籌善法務達革除蓄婢為宗旨

三會址　暫假大道中楊少泉牙科館

四會員　凡贊成本會宗旨無論中西男女屬何宗教居何地方現時有無蓄婢者得為本會會員

五權責　凡為會員者皆得出席於大會發表意見并享有本會選舉被選舉權及關於會務各種通告并維持會事發達會務

六會費　凡為本會會員者每人每年納費五毫多捐者尤為感謝每年由八月一號起至明年七月底止是為一週年

七職員　舉正會長一名副會長二名漢文司理一名英文司理一名司庫一名可數一名漢文文牘部長部員四名英文文牘部長部員十名調查部部長一名部員十名如各部員有不足用時可由幹事值理加增

八幹事值理　以正副會長及司庫司數各部部長合為幹事值理如有應加入者。可由幹事值理表決加增。如過有德望及贊同本會宗旨者幹事值理亦得表決敦請為本會名譽會員或聞員會議時期。每月至

九年會　每年開會員大會一次宣布會務并選舉職員時期不能遲過十月

十特會　如有要事會長以為須開會員臨時大會時得幹事值理多數同意如有會員邀請主席開臨時大會則須得全體會員五分之一簽名認可乃得召集

十一通告　凡開會員大會省須預先一星期通告

十二任期　職員任期以一年為限期滿常選仍可連任

十三成會數　幹事值理聚集時出席人數過半即成會數會員特別大會須出席人數三分之二通過乃得表決

十四修訂　此章程如欲修訂則須登報召集會員特別大會

少一次

九六

反對蓄婢會大會通告

定於陽曆三月廿六號禮拜日午後三時假座青年會開成立大會選舉職員分贈徽章并裝大理院長徐季龍先生到會演講敬請會員諸君聯袂偕來無任歡迎之至

反對蓄婢會成立大會紀事

三月廿六號，星期日下午三點半鐘，香港反對蓄婢會假座青年會禮堂舉行成立大會，與會者六百餘人，座為之滿，先由青年會洋樂隊奏銅樂，次由主席黃君茂林宣佈

開會理由，略云列位本會同人，此次反對蓄婢會成立大會，因以前在籌辦事期辦事員，不過臨時，今日請大衆同志到來開正式大會，公舉正式職員務遂革除蓄婢宗旨，彼所造之孽，諒必與大衆同意，吾人前所得各項成績，告如下，原定於二月時開成立大會，後因罷工風潮所影響，延遲至今，令熱心諸君一番盼望，殊屬不安，然此數月餘，似乎事沉寂，而其實不然，蓋無日不研求善法，助人覺悟，從早達革除婢制之目的，故有徵文之獎勵，博探輿論，以集思廣益，其間放文歌曲莊諧拜妙者，復將徵文中龍舟歌之冠軍者發刊，乃李瑞琴君熱心報効諸君者，乃林護君報効，更將本會之緣起始末，搜集各方之言論著作，刊刷成帙，每冊二百餘篇，尚須一禮拜方能竣事，與及各方各會員，凡中外消息，關於蓄婢者，中文則譯登西報，函寄英京議院登英文則譯君，容日另行送上，使中外視聽瞭然於婢制之害，即出資印刷數千分，分送各界，而英國反對蓄奴保護土番會，並將妹仔問

題，已往歷史，撮舉大要，刊版贈送於議院議員，而本會不列顛及阿爾蘭全國婦女聯合會工業委辦，且有信來往問現在香港妹仔如何，此皆用文字宣傳之法也，而演說所到之地，則有基督教禮拜堂，及基督教男青年會女青年會，培道聯愛會，循理會，前梅督夫人婦女會，懿香港大學堂各中學堂女子中學校，各男女高小學校十餘處，香港青年會社數處，工團數十，會社數處，每處到聽人數最多者，八百餘人，又特派往香港永安火船演講者一員，月給薪金由黃錦英君報効者，此皆用言語宣傳，以發人深省之法也，數月已來，本會所查得虐婢者三宗，一在卑利街，一在荷李活道，均已通知政府，第爲事主所掩飾，卒亦無罪範無補，非澈底革除不可也，此調查之法也，徵求會結束後共得會友一千三百七十一人，會費六百八十五元五毫，提欵一千一百五十元零三毫五仙，最多者馬祿臣李瑞琴馮福田三君，徵求最出力者則楊少泉馬應彪師奶麥梅生潘祿元四君，此皆己往所辦之事，可以告於諸君者，而本會影響所及，約有數事，足令蓄婢問題而欬慰者，一則我南方政府已下明令禁止蓄婢，則實起於座上大理院長徐季龍君，而徐君則固吾會偉大之會員也，彼其苦柯在手，先從內地改革，其光輝於吾會何如耶，二則英京滬政大臣，已有文書答覆港督，言港中政府與現有兩

香港蓄婢問題

九八

會商最設法，革徐蓄婢，定意一年內即可成事，此非英京明達之士，感受本會之奮勵，洞悉吾人之志趣，與港地姊仔之實情，力詰政府質問至再，何能有此好音息耶，今各地聞風與起，贊同斯旨者大不乏人，然皆非幹事等少數人之力，實由諸君戮力同心眾志成城以底於斯也，故幹事等深謝諸君，銘感曷已，然此後事務繁��責任益重，非徐策羣力勉勵同心，以促港政府任金重，則此歡千婢女，仍求能出坭塗而登袵席也，故願會員諸君更進一步以圖之，至是又由西文司由安得臣君，再將會務報告，以英文宣讀華，旋由大理院長徐謙派來之代表胡雅覺君將徐君之演說詞用正音宣讀，由楊少泉君用廣東語解釋，（演說詞另錄）旋父頒獎徵求會員最多者第一名馬應彪師奶人，由主席黃茂林佈徵求會員最多者，第二名麥梅生君，第三名楊少泉君，共捐出銀數最多者，（一）馬應彪師奶，（二）潘屬元，各贈以徐謙親筆寫之橫額一幅，至是乃選舉職員六十名後，然後拍照散會，時已五點矣。

附大理院長徐季龍君演詞

大理院長徐謙，在反對蓄婢會成立大會演說云，蓄婢本為民國所禁，民國元年南京臨時政府曾頒明令禁革一切

不平等之階級制度，蓄婢之風在此令中已為概括的禁止，而全國婢女自此令公布後亦已悉行釋放，無如蓄婢命令永為全國人所周知，而外國人亦多以為民國常無特別令禁止蓄婢之明文，殊不知民國約法及法律皆有明文規定，國人缺乏法律知識，覺不能證法而談，此所以會社上蓄婢之事實依然存在，而外國人詎才能對於蓄婢之舉有所協力也，民國約法曰「中華民國人民一律平等」，然種族階級宗教之區別，民國約法曰「所謂無階級之區別者，無一為命令，即禁止之也，此語即為禁止蓄婢之根本，至法律則有數點，民國元年明令公布前清法律與國體不抵觸者，仍機續行效，此條例中有曰「嗣後買賣人口條欵，釋民國改為奴婢條例」，「嗣後治罪」，又曰「今飭妾為子孫為奴婢槪行永遠禁止，違者治罪」，又曰「嗣後禁買奴婢改為僱工人論」，此後即無奴婢名目」又曰契買貧民子女及從前舊有之奴婢均以僱工人論。」禁買貧民子女即屬犯罪行為，買賣人口條例即為治罪之目買賣或典質，或避去買賣之名，仍然收受身價，統名「舊時婢女限年婚配，」據以上條文以觀，則前清時己不應再有奴婢，何況民國，再研究婢女之所由來，所抵由於買賣或典質，或避去買賣之名，仍然收受身價，統名之曰買賣人口，即屬犯罪行為，買賣人口條例即為治罪之日買賣人口，即屬犯罪行為，逐嚴止買賣人口專條，其後因買賣人口即屬觸犯刑律，應再有奴婢，而適用新刑律之略誘和誘罪，於買賣或典質，或屬犯罪行為，買利略誘和誘罪，無論是否父母因貧而賣子女，就屬買賣人口，即無區別

，構成脅利略誘和誘罪，法律之沿革如此，惟買賣人口條例廢止後，人反誤會以爲禁婢明文，殊不知禁婢訖未有改，不過買賣人口治罪法改用新法而從電耳，政府

有鑒於此，是以近者重申禁令（見大理院通令）交內務部及大理院通行以資曉諭，嗣後全國人民當不致再有不知法律之患矣，以人道主義而論，開放奴婢乃人道所常稱，今世無論共和國非共和國皆不須有奴隸制度之存在，獨吾國猶留此惡風，不但爲共和之累，實足貽人種之羞，此實吾國人應爲人道奮鬥者也，惟惡風之傳播既久，對之信亦復不一而足，匿名信無非以蓄婢爲利者所爲，固無考慮之價值，惟反對之論調則漸有可研究之處，其言曰：「蓄婢者固有，虐婢者然究屬少數，廣東有溺女之風，因貧不能養女，若不能養女，必將女溺死以免累，是有婢女一途也，當可免被溺死，而禁婢反有傷於人道，」此其一，「飢欲解放既有之婢女，則必須爲謀敎養，否則一經解放後而無敎養之所，則將有凍餒之虞，」所之遊，此輩向賴蓄之者爲生活，必致有窮無道，」此其二，此二點確不可不加以考慮，但此二者皆不足爲反對之理由，不過可喚起提倡禁婢者之註意耳，禁止蓄婢者並非僅止消極之事，實有積極之事更爲緊要，即爲貧女謀敎養是也，禁婢辦法對於既有之婢，其已遂作

工年齡者，一律改爲僱工，去留可聽其自由，其年幼不能作工者，所在之家若願供其敎養，自可聽之，其不能供其敎養者，則地方自治團體及慈善團體不可不力籌貧女敎養所爲之收容，此等貧女敎養所非僅爲現有婢女之有待於敎養者而設，實爲一般貧女而設，以免將來再有買賣人口爲婢及因貧溺女之事，廣州市市政廳現對於貧女敎養所之籌設已在計畫中，其他慈善團體如基督敎聯會及敎會亦有同一之籌備，如政府及社●果能各盡其力辦成此舉，則非也可間反對者之口，實可永遠消滅婢之女之來源，此誠當務之急也，至論及上述二點，原來政治上之設施固有非一就（足旁）可幾者，惟開放奴婢之事，乃與國體有關，世界雖帝制國倘且廢除奴隸制度，豈有共和國猶可遺留奴隸制度者乎，若謂貧女無處可歸即不得不賴其爲婢，爲則吾國人民程度並不是當共和國民之程度，亦將曰人民程度一日不足，即不得不賴帝制乎，況無論何人，斷無非爲婢不能生活者，故婢女之應解放至今已不容再緩，至爲貧女籌敎養，乃另一問題，二者可同時並舉，切不可因噎廢食，美國林肯總統解放黑奴，當時黑人反怨恨之，以爲解放後反失其生活，然林肯猶毅然行之，未聞因黑奴未有生活他途，而停止其解放也，今日吾人所應覺悟者，在保障人權乃國民之天職，乃社會上人人應盡之義務，政治上之提倡，及

法律上之規定，固有待於政府，但政府所能爲者究屬有限，政府所不能爲者，必須社會爲之，故社會不能專倚賴政府，即如禁止蓄婢，發布命令，政府優爲之，惟實行禁婢及爲貧女醫敎養，則非社會協力不可，吾人更須知禁止蓄婢非僅爲保護婢女之人格，並且兼爲蓄婢之家謀利益，蓄婢者除少數在蓄之爲娼蓄之爲妾外，多數在替代傭工，時因其一勢永遠且覽工省價廉，殊不知婢女若不令受敎育而使之與家中子女幼孩相處，未有不引誘子女至於邪行或敗德者，是圖省少許之工資，而令婢女在家若微生蟲，傳播疫症，敗壞子女，豈不異常危險，此亦吾人所應有之知識也，香港從前因未深悉民國本禁止蓄婢，遂致未予吾人以贊助，今別電信傳來，英國國會議員已提議於香港禁止蓄婢，而港之禁婢會得國際之協力，從此香港成效必將大著，今反對蓄婢會籌備已久，於此時開成立大會，各界男女人士，異常踴躍，此舉登止表現吾人對於禁婢一事之熱心毅刀，蓋爲民國人民即非打破奴隸制度不可，是即表示吾人擁護共和之決心，凡民國內一切特殊階級，無論軍閥及資本家皆當打破，則民國之基礎自然鞏固，而文化之進步登有涯乎，鄙人今日難因事未得躬與盛會，特委派代表赴會，祝貴會之成功，並盼貴會同人發起

一貧女敎養籌備機關，切實擔任組織一貧女敎養所，工讀並進，即貴會之進行，必且得世界之同情，而爲吾國貧女謀幸福，此則鄙人所抱之希望也，

● 港政府禁止蓄婢之公佈

華民政務司禁止養婢之告示

華民政務司夏爲示諭事照得現奉督憲諭開奉理藩院諭在大英全國境內不准蓄奴故爾等居民須知婢女非主人所私有凡來港婢女其欲離去主家並己及自能決斷年歲必須任其往求華民政務司爲之處理惟應告飭汝等婢女必待尋有

職業方可離去主家否則恐被

人誘爲娼妓又特爲誡飭爲主

人主婦者凡其婢女如欲往見

華民政務司毋得阻止等因奉

此合亟出示曉諭俾衆週知爲

此特示一千九百廿二年四月

十四日示

◎第六餘錄

◎港外對蓄婢問題之反響

◎徐院長提議禁止蓄婢

蓄奴一事，爲世界最害人道之習慣，英國厲行禁止買賣
人口，及美國南北戰爭，皆爲打破此種奴隸制度而起，
吾中國此風最盛，入民國後仍不少改，近年英國衆議院
屢有禁止香港華人蓄婢之提議，去年旅港華人亦有禁止
蓄婢會之組織，主張人道主義家咸爲極端贊成，粵省爲

護法中樞，乃習非成是，絕不加遺取締，誠爲新文化之
恥辱，因是大理院長徐謙有鑒於此，特呈請大總統云，
查蓄養婢女，本干法律厲禁，惡風相習，往往視爲固然
，若任此風之永播，實爲人道之大患，特繩之以法，又
恐愚民無識，近於不教而誅，查臨時約法第五條，中華
民國人民一律平等，無種族階級宗教之區別，自約法公
布後，凡從前蓄婢者即奴隸之一種，實屬違反約法，本
應悉予釋放，至此後之蓄婢者，舉由買賣或典質而來，
依刑律之解釋，即成立營利畧誘或和誘等罪，乃普通人
罕習法律之解釋，誤以爲無明文禁止，故蓄婢之惡風仍未少息
，又司法限於不告不理，亦復無由糾問，倘任其庶此終
古，則民國中尚容許一種奴隸制度，實足以貽國際之羞，
，違反約法，莫此爲甚，自非以明令禁止蓄婢，並嚴申
刑法，厲禁，不足以遏惡風，是否有當，理合呈請大總
統鑒核施行云，昨九日國務會議已將此議提出討，
各部總次長均表示同意，惟囚禁止方法，尚須詳加酌定
，乃可以明令頒佈，故衆議先交法制委員會核議辦法，
然後再行提出國務會議通過云，

法律審查會通過禁婢案

日前大理院長徐謙呈請大總統下令禁止蓄婢，以維人道
，而挽頹風，旋經國務會議發交法律審查會核議，昨十
五日下午法律審查會討論此案，各委員均無異議，大約

一〇一

下星期一日即可提交國務會議通過，然後由大總統以命令公佈，查蓄婢之風，以粵省為最盛，將來解放令下，一般呻吟桎梏之女奴，皆拾地獄而出生天，世之有虐婢辯者，將無所施其技矣，

嚴禁蓄婢之大總統明令

△香港之蓄婢問題又如何

蓄婢之風，前清未禁，業已成為厲禁，凡買賣人口者，科重刑，民國成立，人民一律平等，經約法，所有專制時代之階級制度，早經完全廢除，乃今私家蓄婢，至今未已，甚至買賣典質，視同物品，賤視虐待，不如牛馬，既乖人道，尤犯刑章，茲特明令嚴行禁止，嗣後如再有買賣典質人為婢及蓄者，一經發覺，立即依法治罪，著內務大理院分別咨行各省行政司法長官飭所屬一體奉行，並著內務部通行各省妥籌貧女教養辦法，以資救濟，此令，中華民國十一年二月廿四日，

上開平縣議會請願釋婢書

開平縣議會列位議員均鑒，公敢者，茲悉貴會業經召集，公等俱屬識時英俊，萬象維新，實行民治，諸事改良，大有作模範縣之志，常能解我邑人之倒懸，拯吾同胞

於苦海，夫人類之苦而無告等馬牛之不若者，莫甚於奴婢，遠離骨肉，幼則供悍主裄使，慘遭橫加，凌虐苦於罪囚，長則為妾為妓，終身含寃，去秋香港禁婢會提議釋婢女，今在廣州徐院長倡破婢制，惟我開平之婢制特盛，虐婢之風亦最慘，既不若香港有善團都助，又不若廣州有公庫散實，僑民等身寄海外，欽羨他人之文明，同首家鄉，每念婢制而洒淚，惜徒有解救婢女之心，全無控制悍主之力，故特聯名上書，懇請貴會諸公，維持人道，提議解放，并厲行嚴禁也，

謹將釋婢具體辦法列左

一限一個月內，邑屬婢女一律解放交回家親收領，不得勒詐條件，違者治罪，

一或無家親收領者，婢主須到警區註冊，繳存婢契，暫作養女看待，及笄時，仍無親人到領，則所擇之配，須票報警區方得遣嫁，

一佈告後悍主私將其婢遣嫁，或轉賣者，科以私賣人口之罪，并將該婢之身價充公，私留作侍妾者，與強姦同罪，

一夫婦俱過四十歲無女子者，方得收養育女，聯名人，

檳山開平華僑勞日富源公等數人，

英國女權會函詢蓄婢陋俗

……致大總統夫人書……

昨孫大總統夫人得英國世界女子平權同盟會總幹事杜蘭順女士來書，論禁蓄婢事，茲譯錄如次，

廣州大總統孫逸仙夫人賜鑒，余等渴欲知中國現在所有妹仔，（披粵語稱婢為妹仔在英國此語已極通行，原文如是故照譯之）之真地位，今提出數問題請為答解，（一）各處此種風俗是否與香港相同，（二）現時外國人關于妹仔之紀載是否言過其實，或更有所未知者，（三）現時保護妹仔之社團有幾，（四）現時關于禁革此種風俗之社團有幾，（五）中國進步的女士之有意改革此俗者，能舉其名以告否，以上數問，希為詳細見示，幸甚，附寄本會國際通信片二紙，英國世界女子平權同盟會總幹事杜蘭順，住址總辦事處倫敦亞仙街十一號，世界女權報住址同，三月廿號。　大光

○討論蓄婢問題中之虐婢案

（一）黃泥浦成和道二號二樓婦人朱慧文被控於一九二月九號將一年方十五歲之婢子名連新虐待及將其鞭撻一案，昨十六日上午兩點一角鐘庵裁判司開正式提審有朗展努網律師為被告申辯二號警局巴力文幫辦為主控先傳少婢連新上堂供稱本年十五歲在女主婦處為婢已有九個月主

婦待我頗好從未有枵腹及食不足也者吾當日之所以逃走實為主婦將我鞭撻之所以將我鞭撻者為我偷竊金鐲珠耳環一對當日上午十點將我毆打吾於下午五點即離他家吾到客家村吾因他打我故此逃走被打後數點鐘即行逃走朗律師問日女主人常多給食物於汝乎日否無多耳又問然則汝主人并無令汝捱饑抵餓食到飽為止乎日然此次打汝因汝偷一毫子及金耳環是否日是也又問有一日汝在房中私開其錢箱然否日否又問日中常令汝野方打汝耳然否日是也即除此而外並無令汝捱飢抵餓乎日誠然至是官准被告上証人台自行申辯據朱慧文供稱乃有夫之婦此小婢賣與我為婢已有九個月然吾用小籐鞭之約二十次但我時常給足他食物我家中有備婢四名婢子一名足食者吾此次打他因他偷竊銀錢及食物耳然吾此次打他時常偷竊我家中常偷竊均能自認獨此次不認然屈指而計之九個月吾用手掌或用小籐鞭之約二十次左右耳此次用手掌或者此非他所母贈送我者故吾每次打他均係欲嚇其招認或者伊確未有頃間汝誤疑他身上耳答曰他時常偷竊均能匿藏一兩道打之方偷汝致身受苦楚耳答曰他時常偷竊均能匿藏一兩道打之方供以致官曰然則從黃每次失物皆能尋回者乎日然獨此次不能尋回耳官取錄各口供畢朗展努招律師對官言此案為一小案耳就以婢子之口供而論亦云如非為他偷竊則永無

管之且飽食暖衣否則必無如是之肥胖大人一看該婢之肥胖可知其修養得好決非受主婦虐待者也（哄堂）廉司亦謂本司極不欲參預華人蓄婢女之事華人敎養但本司代表英政府若見婢子有時爲主人虐待太甚不能體之不理者朗律師曰我事主不願再將該婢收回炎官判令被告自具甘結保單一百元一年內不得再有虐婢否則照數懲罰

（二）有某氏婦，被帮辦拔打臣拘控於案，謂其於五月二號曉，無故用雞毛掃將一年約十四歲之少婢名何巧裝鞭撻，致令其遍體傷痕，咋日上午，解由符理沙君提審，被告不認有罪，延洗文彬律師爲之申辯，該婦穿華麗之衣服，狀類富家侍妾，是日到堂旁聽者頗多，先由帮辦將案情表逃單，官乃先傳少婢何巧裝上堂供稱，現年十四歲，在某處居住，自幼己爲父母鬻往主人多年，吾乃四太之女高淑賢之婢，咋日被告四太，是由省城來探三太者，官問當晚當管汝若干下，答曰，打了許久，由八點打至九點，官問拜無停止乎，答曰，間或停片時耳，後三太上來將雞毛掃搶回交同儕婦放在一便，三太者即高淑賢之家姑也，官問三太上來有何詞，曰，他只科不可打我，即搶回籐條，如是而已，而我仍須跪下認錯，良久方准我起，入房洗面畢，及再上樓時，己十點，四太又開我何故下樓，正打完又不怕耶，可再打阼你

添正得等語，然只叫口講耳，後叫我斟茶裝烟打扇等事而已，官問然則汝何能上來，是由於人敎汝爲之者乎，曰無人敎我我，是我自己上局投訴，謂被主婦撻打而己，官問雞毛掃何能上來，曰乃帮辦拈上來者，官力命少婢將兩便手臂之衫袖抽起察驗，果有傷痕密排，官閱畢，判暫押今天上午十點，准具保單五百元，出外候訊，其雞毛掃則暫存警署，

被告之律師沈文彬君，求官押候四十八點鐘之久，官准如所請，故再判押候今天下午兩點一角鐘再訊，閱被告己具保五百元出外矣，是日下午婦女預先到堂候審者極多，反對蓄婢會之兩文司理及幹事安德臣君，亦到法庭觀審云，

至十日下午符理沙署裁判再審，到堂觀審人山人海，尤以婦女爲多，惟是日被告某氏婦匿不到堂，祇有洗文彬律師代表到堂對官言曰，本律師極爲抱歉，因被告己匿不敢到公堂，然彼曾授意於本律師，願將此婢交回其母收領團聚，另願由被告交出銀三百元，爲該婢入學堂讀書之用，望憲台諒察云云，拔打臣帮辦起言曰，被告既匿不到堂，請憲台將保單援例充公，仍當出拘票洗偉隨時將之拘案究辦，洗律師曰，請憲台勿發出拘票之命令，否則敵事主難籌三百元之巨欵送婢子入校讀書炎，況敵事主當日笞婢數下，原爲醉後火性驟發，出於無心

，今既願將婢交回其母，又願再出三百元為伊讀書之用，政府似亦不宜持之過甚云云，官聞言，旋判將五百元保單充公，至少婢何巧莊一口，拜未發出拿某氏婦之命令，竟獻醜於法庭，且破我至千金，一般虐婢者可以鑒矣，深願一般婦人猛醒猛醒，婢歟下，

(三)本港政府前已出示本港不准人買賣婢女將婢女制完全削除以重人道主義閱者快之而反對蓄婢會及防範虐待婢女會兩會之重要人物於禮拜一曾將目下婢女之辦法條陳當道聚子採納則保護婢女之約法將次第施行不同速日復有以答撻婢女而被控毆者堅道某殷戶之委被控毆婢而匪不到掌損失在千元以上以為撻婢之風由是而滅矣登知昨又有被控撻婢女案兩宗(一)閣麟街卅八號四樓少婦霍平又名霍大姑乃孀婦也被華探與照控案請其於本月二號將一年方十七歲之婢名區亞琴者毆打不已繼之以咬竟將其兩臂咬傷背脊與腰部則為柴枝鑲傷體拜六上午由傳司提審有滑士打律師為被告申辯不認有罪官判押候禮拜二(六號)上午十點方定期開審准具保單一千元出外候審(二)又同日有布律端狀師寫字樓胡恒錦律師到公堂云代表一宗毆婢案其事主是在荷里活道某號某樓者亦是被告婢此案雖求過堂而被告已延定狀師矣 (六月五號)

(四)紅磡蕪湖街六十四號二樓，肥婆李八妹，被選採暇兆輝拘控於案，謂其昨將一年方十三歲之婢女名蘇培嬌者，(籍人)毆打，致令其兩臂受傷，昨日上午，將之解往裁判署，控其鞭撻婢女之罪，韓司提審被告不認有罪，官傳小婢蘇培嬌上堂，供稱本年十三歲，被告乃我之主婦，官問主婦何事打汝，答曰，因謂我不善撫其兒女，但他之兒女時常啼哭者，答曰，主婦因是將我鞭撻，官問用何物打汝，答曰，用柴枝，官驗言，乃親起立，將婢女兩臂察驗一遍，則傷痕斑斑可考，乃顧間鄣辦曰，本司看此婢之兩臂傷痕，似係用火灼傷，不知曾將此婢有灼醫生驗看否，答曰有之，醫生亦謂此係傷痕，惟被告則對官力辯無罪，擄稱用柴枝打婢數下則藏有之，惟并無用火灼傷其身體，因該婢向有疥癩之疾，每年必發一次，此係癩痂之印，經紅磡公立醫院分局鄣醫生診治有案水瓶為據，(呈堂)一看便明，官問鄣醫生有到堂為汝作証告，曰未到，官對幫辦言，如此要押候，待傳鄣醫生上堂作証，將某押候禮拜二下午兩點半鐘方審，准其保單一百元，出外候訊，(六月十六號)

(五)西關蓄婢坊錦棻里關姓機房蓄有一婢名冉玲年僅十二歲平日諸般虐待鞭撻炮烙體無完膚坊人久已嘖有煩言昨日又將該婢毒毆一頓當堂昏厥旋即斃命該宅乃即市棺殮葬惟時已下午五時扛至山上已是暮色四合件工乃將之

先行放置山上至翌早九時許始再掘堆罪詎忽聞一片呻
吟聲啜泣聲起於婢之棺內不禁駭然詞以鐵勁撬開棺木察
視則見該婢已經活且能勉強起立行動惟遍體傷痕且因
棺木太細致遍傷數處故其狀甚慘於是作工將婢交往方便
醫院安置一面報知關宅該宅遂出茶資三元命其導往認領
惟聞該院因彼虐婢太甚已常堂拒絕不允給領刻擬設法報
知其父母領回又間婢乃順德人現已漸愈可無性命之虞大
北一帶之居民聞之咸稱爲奇事紛紛往觀云（廣州五月二
號）

香港婢女數目之調查

調查戶口册委員需報稱新界北段段共有婢女一百十九人南
段有三十九人香港島內有七千八百九十八九龍有六百人
泛宅中人有四人合共計有婢女八千六百五十三人其中有
五千七百五十八人係十四歲以下者有二千五百三十二人
係十四歲及十四歲以上者此二千五百卅二人之中有三成
係十五歲以下者有二成係十六歲以下者有三成係十七歲
以下者有一成零二係十八歲以下者及每百有八人係十九歲
以下者每百有五人係十九歲或以上者最多婢女地
方由東邊街至基連亞利街及上截街道五歲以下者最少最
多者由十歲至十五歲年紀最長之婢女有一名三十五歲有
數人飢嫁復回主人家中者又有數人飢嫁而成寡婚復回主

人家中者顯見此等人在主人家內比之在夫家更爲安樂婢
女多不識字但在上截街道居住多係殷富之家最多婢女讀
字然婢女亦最多以上截街道居住字計每百有九人婢女讀
上之婢女約一百十五人婢女由十七歲至十九歲出世者居
多數而甚少在英國地方出世及非在廣東出世者亦甚少其
中多由省城買來有少數其姓與主人之姓相同者有多數居
登名不登姓者因實不知係何姓也在葡人及印度人家中幷
無報告有名稱有若妹仔者但見有年少女子在屋內報稱保僕女或係
育女此等名稱有妹仔一式而其少住年妹畢
人家中多有僱用由十二歲至十四歲之男童合共計報稱育
女者有一百二十二人云

一〇六

◎ 附錄

◎ 一九二三年婢制問題解決聲中之波瀾

華商總會同人反對禁蓄婢新例

元月五號華商總會開同人特別大叙會華人代表周壽臣伍
漢墀兩君皆在座點四十分鐘搖鈴開會主席李君蔗蓀葵起
言今日本總會請諸君劃來係研究政府頒發禁止蓄婢新例
及宣佈各處來函（第一歀）即爲衛保赤來函係關於禁止蓄
婢之新例有所論列至本港政府不日頒行禁止蓄婢新例其
中例文已見報紙所載但此例於本港地方果否現在時代

應實行否望在座諸君細心研究云云於是由司理葉君蘭泉
宣讀衞君保赤來函畢主席李君謂總會近日接到外間來函
皆謂此例萬不能行周雨亭君問曰究竟本會接到外間例函
若干通答曰約三四封然以衞君保赤者至爲詳晰餘亦皆反
對此新例也黃君屏蓀起言中國習慣如果要禁絕婢女娶正
本清源因賣女者實萬非得己之舉如父母要禁絕婢女必要省
一女可以救生一家如果禁絕婢女必要省城內地各處有實
業有工藝方可此所謂正本清源也熊鑑泉君起言雖過在鄉間而
論禁止蓄婢似非其時鄙人敢謂在香港爲婢勝過在鄉間爲
女子十倍因鄉間女子要看牛挑重物極爲辛苦試問鄉間
女子能有如香港之婢女穿好食好住好乎各位要知得內地
一女可以救生一家其女本身亦父母凍
因貧極無以爲計歟以賣一女如黃君屏蓀所云若要禁絕婢女除非省城有工藝
廠方可云云其言甚合黃君屏蓀再起言曰鄙人尤有進者
禁婢實行則全金了養猪花之人賣良爲娼者更多因此例一
者皆賣與揚母龜婆將來錢樹子耳反對之列則遍可比禁婢
葉君蘭泉曰婢架或可實行惟本港貼近內地非與別處可比禁婢
二層星架坡或可實行惟本港貼近內地非與別處可比禁婢
凡屬婢女皆要注册若內地出來之女子及婢女皆要注册迹
近願援現在中國人民太多地方亦太貧苦各國皆有育嬰堂

中國則不然若無人購婢女則貧寒人家生女而溺之或將
之擡死經死而抛棄者不知幾許矣幸有買婢之例眞如育嬰
堂一般衞君保赤所言誠非虛語故若禁絕婢女即無異將貧
苦兒女置之死地者也又如買婢之家誠非貪買婢女之便宜
因年中衣服鞋襪疾病種種備婦差不多耳此新例草稿
最令人駭然者厰爲十歲以下之女子不能僱工於人家之一
條連做住年妹亦不能若十五歲以下至十二歲以上者每月給
予工金一元十五歲以上又須給多些至十八歲即可以
主人隨時可以離職云云鄙人謂此例於婢女十分危險何以
見得因婢女月中旣有工金年輕者固可以亂買食物年長者
智識未定一經持開放主義糊塗跟人終身抱憾者比比皆然
矣何君澤生起言曰他姑勿論政府立此例有云十歲以下之
女子不能作工吾敢謂十歲以下之貧民女兒不少政府旣不
准人家僱用十歲以下之女子政府是否預先籌劃設有地方
安置此等女子或任由主人或父母遣之出街僶俛
主席曰婢女十八歲以上即任由其他去此條最爲危險鄙人
敢謂十八歲以上之男子尚無多見豈何況女子又何況婢女
今日拆白黨脂粉友遍地尤是滿坑滿谷婢女十八歲即可以
自由出去將來一定爲拆白黨所利用言之眞令人寒心也至
凡係婢女皆要注册一層尤爲窒碍譬如內地有亂事發生省
中人必多不敢代人携帶貧家子弟來港恐搜查騷擾也雖
文錦律師曰頃間何福君問及十歲以下之女子政府如何安

置一期照例文所云此係爲將來之買婢者計耳現有十歲之婢女或另有設法鄙人今日甚欲得開我華人兩代表之言論於是周君壽臣起言曰鄙人今日請各位到會係欲領敎於諸君子吾人雖爲華人代表而今日講語係以本會會員之資格而並非以代表之資格也今日討論之問題若果人人皆力人常持各位之意見向政府力爭此等所謂資料應由衆華人供給與代表而不應代表自行以私意駁論者也且代表云者矣禁蓄婢一事鄙人個人意見只贊成保護婢女防範爲主人虐蓄極不贊成禁絕因禁絕婢女非近日時代所應爲凡做毒者有地步與時期中國不能過早亦不能太遲也或者俟之異日中國內地果有工藝廠織造廠能盡藏貧民之兒女不禁而自絕如前時中國之經足人皆知爲無益故能不禁而絕而必相强如果現在時代只應保護婢女不准主人虐待方爲上策英則以爲現在諸君試平心思之保護婢女好抑禁絕婢女好鄙兄國之所以對於中國婢女有所取締者無非爲中國人將婢女虐待苛刻且試閱依此例文而論則貧民兒女無以爲生者政府有無補救之法也固能有多少人如何曉生先生背捐出十萬元以充孤兒院及貧民敎養院等事若到貧民不得了時亦只有持各家自掃門前雪不管捕家尢上霜而已例文中最合人可駭者即如婢女要注册否則查册可罰銀式百五十元若果實行則偵探英差必終日不停往人家搜查矣各同人必要

一〇八

明白如承認此例即日後任由人到屋搜查方可現十八歲之婢女可以自由開放十八歲正在婢女愛情發動之時而有此開放之機豈不可慮吾人以爲反對蓄婢者應爲我中國貧民設想若果本港多數人皆謂此例不宜行於本港鄙人當力爭未審各位有何高見甚顯給些些資料與我代表(衆大鼓掌)至是羅文錦律師解釋例文要點極爲清楚周君壽臣又曰今此例已宣讀第一次第二次不能辯脫例文第二段實行例文防範虐待蓄婢會解釋經過情形甚詳周君廣田益將從前之中第一段無可挽回又俟六個月後再行例一經成立即先實行例文嘗向弟質問讀反對蓄婢會有千餘人吾人保護婢女只數百人且反對會會多做工夫只以紙筆墨好文章而論者如以落力吾人當初似乎失算矣云云後主席付表決問座中各位政厨吾人當初似乎失算矣云云後主席付表決問座中各位如以者不應反對請舉手則舉手於是舉手者於是政府立此禁蓄婢女例是否合如反對此例者舉手於是舉手人代表上定例局反對此例李幼泉和議衆贊成通過羅文錦律師解明以反對例文中之第三段羅君長云鄙見以爲應向各總商會徵求意見衆威其議周君壽臣曰此例未知有無宣讀距今尚只有兩星期若致函各商會徵求意見該例全文列明阻礙及延遲鄙見以爲最好將今日之議案及該例全文列明交往各商會看過如果同意立刻蓋章及簽字爲妙衆以爲然

對於華商總會反對蓄婢條例私議　見仁

香港蓄婢問題，自前年某君召集一部份人，會議於大會堂後，惹起軒然大波，分為擁護婢制與反對婢制兩派，各盡其能事，於輿論之鼓吹，惜理之爭辯，自有香港以來，以居民資格對於政府政策之主張批評，皭可稱一時無兩，然未幾即與論鎔然，附和於反對婢制之態度，即擁護婢制之一派，終亦與反對婢制之一派，各派員組織委員會，為港政府禁婢條後之條陳，留心社會者，方謂從此婢制問題之糾紛，可告一結束，誠以世界瀾流，日趨平等，人道主義，逐漸光明，政府既具有決心，人民又一致翕往，雖有勢力者，冥頑擁護，亦歸徒然也，自是而後，政府果一再申禁婢之明文，亦虛心接納居民對於禁婢之條例與善後辦法等等條陳，（絕持婢女被虐會與反對蓄婢會各派員組織之委員會，實由政府授意兩方當事人設立，）及今乃更有條例之頒佈於此已可證婢制問題之在香港已無復活之餘地也，不謂據昨報載華商總會諸君，竟對於政府頒佈禁婢條例，有一致反對之說，是誠閤港居民不可不注意少事也，

夫商會性質，職司何事，今乃開會討論政府頒佈之條例，復鼓吹其一致反對之主張，吾誠不解政府廢止蓄婢制度，於商業上有何重大且直接之關係，似此則商會未也，

免脫離範圍，貽越俎干政之嫌矣，為商人之損害計，承認禁婢即有損害於商人，故不得不有此一舉，其說辯矣巧矣，然須知商人不過人民之一部份，以一部份之政治條例，則吾亦未見其可耳，復次吾姑退讓一步，承認商會有此舉之必要，然婢制問題之起已久，商會諸公，奚遲至今日表示此態度，吾人不敢謂諸公因失之東隅，故欲為收之桑榆之計，然於政府禁婢明文已下，蓄婢條例已通過一讀會之時，始大聲疾呼，以圖反對，亦無乃昧於時勢矣，諸公許有回天之大力，然亦未免如羅文錦君所云，太嫌其遲矣，董此項條例之待討議者，不在禁與不禁，祇在如何禁法，軫為至善，以待政府之探擇耳，

再則吾更有言者，是日會議中發言反對禁婢者，多屬列席兩會合組之委員會中人，其所申之理由，亦吾人所夙諗，以吾所知，該委員會所具於政府之辦法之條陳，已一致對於禁介無異議，只條列若者為善後之辦法耳，是則在委員會中列名之發言者，於此又不免有推翻前案之嫌，然假令其其足翻新之理論，又何嘗不可在一地，異一貝，以期面面俱圓，但今所舉，不過蓋屬陳言，惡無較此陳說更新之意義，則彼欲作推翻既定之全案，計抑何左

吾筆至此，吾欲代表反對蓄婢諸同志，正告一言於我定例局中之華人議員曰：僉聽則明，偏聽則暗，二君誠欲代表全體華人對於婢制之意見，不可不就全體華人聽之，且須設法以得居民全體之意見，慎毋偏聽一面之詞，以為可以代表全部，固執一己之成見，以為真理，則人道前途，受君之惠深矣，正誼所在，如炳日星，為功為罪，亦維人自圖耳，

羅文錦辯正報載其對於討論婢制之言論

日前華商總會討論蓄婢條例時羅文錦律師亦曾與會昨云君經投函本港孖剌西報辯正茲將其大意轉譯如下該函云貴報（孖剌西報）本月六號所記關於華商總會之議案予竊欲有所更正免使讀者受不良感想或來予先以香港婢制問題經過之事實略敘及更可明此事之質相然予須聲明者前之所述只就記憶所及者言之因此其經過予實未筆記也香港蓄婢問題自太平戲院大會之後反對蓄婢經多方之進行英國理藩院卒已決定革除婢制自是而後人人曾視此已成鐵案矣此後未幾華民政務司即請防範虐待婢女與反對蓄婢會同（予亦防範虐待婢女會會員之一）籌商如何獻議協助政府施行理藩院禁婢之辦法防範虐待婢女經多次之集議惟予未得機一至後經該會通告舉定分作值理予亦列名其中專任會同反對蓄婢會分任值理討論上述事

件之進行予由受推舉之分任值理及防範虐待婢女會之司理使予確知與等除更易防範虐待婢女會之名目外對于一切進行決定與有全權更其後兩會議數次終決定承認現在婢制必須革除隨議定完善辦法為現有婢設想條陳於華民政務司所行值理者會署名此即婢制問題經過之大概情形也當華商總會敘議此案時予曾質問列席諸君指出此次婢制問題之討論何以不於理藩院宣佈禁令之前或其際予提出乎次又間防範虐待婢女會員之列席于華商會會議者若華商總會承認防範婢制應該保存則試間將當日推出之分任值理於何地予從前所言並無不承認為任何會之會員至予對于婢制問題之意見曾於于一九廿二年四月廿六號寄諸防範虐待婢女會司理炎雖予亦曾以為論婢女被虐之奇酷情形者不免有言之太過及此等奇端可以法律解決之然予終不解婢女制度時至今日何只猶未能革除

也

當時對主席言反對條例之第三部予亦反對之也予當時曾經反對至于此項禁婢條例之第三部予亦反對之也子于此應聲明一語予于昊日通過之議案並未表示贊同因

一封贊成蓄婢函

東華醫院列位總理先生均鑒敬啟者頃閱各報登載本港政

府將實行禁婢新例不禁為我中國貧人畜女生命意矣我中國數千年以來立國無後為大不孝故窮鄉僻壤僅自給之人雖力不足以娶妻亦必勉為借貸甚則求親朋捐助務速於成一旦子女成華無力俯畜子則可以賣女則必須嫁人與其一家坐以待斃孰不若賣女為婢一則減惱俯畜弍則得賣女之資以謀生三則為婢非為奴只改名不改姓四則其女得衣食充足不至同為餓斃五出其女長大由主人擇嫁歸其本生父母來往是隨時到探六則其女其心雖苦亦聊可自慰矣今一旦禁絕婢以貧人雖迫於賣女其本生父母不能俯畜亦不能不婢幷禁僱十歲以下之婢試問貧人生女餰不能俯畜又不能為婢為工其苦可堪哉勢不至於賣女本生不止也我中國貧人與女生命危乎不危如謂因本港有虐婢事發生又何禁獨不思本港亦有虐嬰事發生而禁此等殘忍之人女可慮婢亦不過少數而已本港所畜之婢數幾遠萬虐婢之耶不及千份之一僕敢請虐本生女又見也全世界數十國合計約有十六萬萬人口而各國各埠俱設有育嬰堂以收留貧苦嬰孩惟我中國人口約四萬萬佔全世界四份之一人口既多覺無育嬰堂之設幷將我中國有貿一育嬰堂性質如欲禁絕畜婢必待中國多設收留貧苦嬰孩之虛名實則將我中國貧苦嬰孩後斷送生命於無形耳兼仰

周位大總理慈善為懷導關及從新慈善事不禁救女命事國人詳細討論幷求代向我華人代表兩君力學醫府此例收消則將來貧苦無依婢女歲感大德於無窮矣此幷頌善數弟衞赤保上言

東華醫院街坊敘會討論禁婢新例之結果

中華民國十二年正月十日下午兩點半鐘東華醫院開關港街坊大敘會討論政府將預行禁止蓄婢新例是日聚集東華醫院新舊總理數十位及華人兩代表周羨臣伍於漢兩外式餘街坊到會中人及反對蓄婢會中人與本港各工團人會之告白宣讀畢主席盧君仲擧起言曰今日請各位到來保歡迎千人東華醫會多屬牧會中人之擬漢兵東華醫院開院以來所開之街坊敘會都以此次入數為最多至醫都三角鐘搖鈴開會先由書記梁君慶揚宣讀前發出招集街坊與會主體施慎之君起到來研究此新例是否以街坊為主體盧君答稱今日保街坊只請街坊中舉一主席答曰以街坊有目共見故請諸君到來研究此事其主席到會者有所起云基督牧徒施慎之君起到來研究此新例是否以街坊應行例中有無窒礙耳像無何等規則主席也照我球牧師日起以盧君答稱今日保街坊只請街坊中舉一主席答曰以街坊討論徒維有無文明規則先宣佈與會君今日敘會都是否以街坊街坊為主體盧君答稱今日保街坊只請街坊中舉一主席此東華醫院歷年召請街坊敘會都以當年首總理為主席此

層不能辦到某工會中人曰街坊會議應以街坊為主席且議
場內文明規則本不准人吸煙方為合格（因當日園半於大
堂中桌上者為吸紙捲煙故有是言）主席曰今日不過大眾
討論會本無何種束縛規則各位隨其所安而已某某會
若無文明規則則秩序必不良吾人今日此無規則與吸煙
之敘會又何用徒費光陰而已矣年會某君曰今日研論新例
不必理會及他請各位貢獻數言以視女同胞同其原有之
禁婢一事關乎國體關乎人格各位拆己見各位所
人格故向各位貢獻數言凶視女同胞受此慘苦如骨梗在
喉不吐不快吾人處於今日常以人為文明各國取一致之
能存有階級之思想革除之陋習不可讓人一致之進行平等不
此二十世紀時代凡應買賣人口為女同胞禁我中國處
為二奶二奶之妹仔又變為三奶其餘以次類推至金釵十二
行無不為妹仔之變相其變相為蓄婢今日為文明各國所
為此制度實宜懇要懲絕未死其本而斯其末因賣女者因
禁婢一事關乎人處於妹仔之變相其變相為蓄婢之
蓄婢貧家又何苦要賣女此層不可不研究若只謂蓄婢為
合此制度懇要懲絕未死其本而斯其末因賣女者因
家徒四壁父母本身不能自養烏能養女賣去一個可救一
家吾有某兄弟曾在下四府該處患災時有欲以女賣與人
償五元之價值者兄弟不要人只給予二十元之多但并不要

香港蓄婢問題

人而該女童之父母倘多方央求敗受其女免變為餓莩可見
賣女者實有不得已之苦衷云云昔年會某西裝少年起言曰
此君之言極當中國人若能人人如此君之所為只給予歎項
與貧民不必要人之女為婢不致令人父將骨肉分離買得人
家之女即作為最賤之馬牛常辱其往辱買往辱
割時尚逞啼罵若婢女被鞭撻時雖欲哭亦為主人以物塞
口哭亦不能矣此等慘狀實不堪言以人為婢殊非人道所應
（鼓掌）海員陳杏林君到到君亦為主人以為
病無錢醫理要賣女方有錢醫理一女亦分離或有
前數年吾妻有病無錢醫理乃將女去某財主家及父母或有
藥費賣得一百元經已寫契返家吾妻臥不寧日夜啼哭病因
返左思右想一家反坐不寧日夜啼哭病更加重翌日乃再
往見某財主佬欲持一百元換回其女而財主佬不肯矣乃往
商諸狀師狀師問我有寫賣契否吾答有之將其手開
不能為力吾無法迫得低首下心問財主佬允准吾時令我父
女相見又未蒙大財主佬允准吾時令我手開
女一百元擲諸海中無何吾妻竟不藥而痊吾今亦施然有
得一百元擲諸海中無何吾妻竟不藥而痊吾今亦施然有
西裝穿着而奔走於社會場中不必倚靠賣女之歎可以度
生活此可破除賣女救生一家之意也海員工業聯合總會
蘇兆徵言曰婢制到今日應要剷除不容有留存之影跡吾人
應一致贊成政府現將頒行之新例為合潮流為公眾態君鑒

124

泉起言與在前次總商會議時言論無異不便再錄剪髮煥然
工社徐公俠與先施公司歐亮哲次第發言主持禁止蓄婢而
己楊君少泉與馬應彪夫人之議論為勸聽（因演說詞過長
趨於刊印稚明日再行錄出）杜君桂卿曰頃聞有某君言買
婢之家多以奶式奶之婢又陸曰頃聞有某君實買
敢謂今日座中實無一人肯承認非觀歷其境不能發出斯言
所謂曾經滄海難為水不曾現身說法也惟有一事頗為奇異
弟不能不趁此叙會而解明之因近來好事之人多以保護婦
女一方面及可憐婦女者多惟男子則無人可憐女界即有多
人擁護如解放婦女及纏足會等是也仙亦男子賣豬仔何以無
人可憐何以無人設法將豬仔解放蓄婢則以為羞辱國體否
審宣豬仔亦以為羞辱國體亦萬倍其羞辱之慘況雖未己敢會
甚於婢女萬萬倍則以為賣豬仔之慘況也杜君請未己敢會
中人與工會人已粉起唾罵咸謂其離題萬丈於是
舉起嘩然主席搖鈴制止不住秩序幾亂青年會某君請各位
無礙主席亦宜從速付表決免阻時候盧主席答曰今日不能
表決只可討論頃即諸公偉論茅塞頓開惜今日之會前曾通
知各商會尚未有覆函今日又未有代表與會以為不能
即日解決必須暫押候異日也工會中人大囂謂工會與會否
工會蘇兆徵曰書院只知請商會亦曾有函請工會與會否
主席再搖鈴制止不住羅文錦律師起言曰乘位毋嘵鄙人有

一言今日大會鄙見亦以為應即解決毋須暫押候方為公義但
現今作為主席退位我乘人再舉出一主席再行表決如何乘
齊聲贊成渥威主席依然不離座乃起而付表決贊成政府
禁婢新例草稿者舉手於是敢會中人及反對新例者舉
會中人一齊舉手幾佔九成之敢主席再開反對此新例者舉
手舉手者只得四人遂以多數表決通過禁止蓄婢新例各人
多大聲多謝主席渥威鄙之聲不絕此種聲
浪到保良局前仍未止也而對於發言謂何不維持豬仔之案
君咸欲舉拳毆殿之是乎告終惟是日婦女與挑担
苦力亦到場不少延至四點半鐘始放會
牙科醫生楊少泉演說云鄙人得此機會伸論恐見以盡衡坊
個人之天職易勝欣幸照報載本日所討論者乃因政府行將
頒行禁止蓄婢新例故放東華醫院為此例召集闔港衡坊討
論此例有無於我華人竊碍之處鄙意以為對於此例之有直
接關係者厭為三方面之人（一）是婢女之父母
大會討論之後香港就組織防範虐待婢及反對蓄婢兩會該
兩會對於婢女問題最為留心經多次討論及華民政務司得
理藩院之訓令着該兩會聯呈一辦法以助政府革除婢制得
辦法呈遞華民政務司轉達政府今議例局已通過第一讀會

（三）為蓄婢之主人對於婢女間題自陽歷年在太平戲院開
（二）是婢女（一）是婢女之父母
兩會遂各舉出七人為兩會金權代表經多次磋商卒擬定一

禁止蓄婢新例雖不是完全照足兩會所呈出之辦法然可以
謂是根據兩會所擬之辦法而定由此觀之則此例對於婢女
方面可信無窒礙之可言吾恐有碍於婢女之父母此節更不成
問題倘此例一行得華民政務司之同意父母便可領之回家
不費一錢誰不欲一團聚骨肉團圓上月中有一婦人對弟謂
彼有一女八歲時賣與人爲婢身價九十元今已十一歲現開
主人之女將出閣欲將彼女作倍嫁妹心甚不忍以其將轉
新主人之日後不知如何問弟其究竟他云華民政務
司過兩天該婦人又來問其弟請他往見云華民政務
主人商量後如命往見該主拜顧身價九十元須補回一百八十元方
不允謂蓄婢數年食用衣着花費不少須補回身價
能賠贖者他說在港間華民政務司知否他答云知
禁詫甚旋對伊云香港向不准買賣人口何得諉在香港賣女
而華民亦知此串他乃云昨在華民政務司面前並非說是賣
與他乃是說送與他由他補回讓面銀九十元而已弟於起了
然後對伊曰此乃你騙政府之過汝雖有蹏名伪的伪面銀
申請遂對他說儻倘此新例一頒行則該婦不費
有根據該婦遂去準斯以談倘此新例一頒行正
一文使可骨肉團聚是婢女父母之一方面而
有如囚徒之望皇恩大赦也此外尙有蓄婢之主人一方面而
已鄙意主人方面本無問題盖行錢不愁無人僱用所窒碍者
數千年積習一旦剪除之而已弟回憶提倡剪辮時弟亦提倡

百十四

者一份子但當弟初落明時亦覺有一種感想以其數十年之
長養一旦與之分離似不舍之意但一經剪辮遇身暢適是切
不便於一時而受益者無限吾人又何可以習慣而傷人道哉
有人謂中國內地亦貧賣一女一家若行新例禁止蓄婢
無異將婢女置諸死地大有非藉賣女無以救一家之勢之謂
廣東今日可謂窮矣縱搜括窮閭畏人言
不敢公然開賭籌之地之窮耶誠國之恥也況最近政府調查
倡買賣人口以救內地之窮困哉

百

在港之婢女只八千六百五十三人則盡其量亦不過萬人即
油頭之災民何以不見各善長仁翁發起禁絕蓄婢會以收賑濟
之女以救一身而簸及其一家也有謂若要禁絕蓄婢女必要內地有
之而已是救濟之有其道也有謂若要禁絕蓄婢女必要內地有
實業有工藝方可今非其時但昔日美國林肯總統釋放黑奴
時黑奴之主人亦謂此非其時因黑人未受敎育不善謀生一
旦使之自由自主亦無異使之束手待斃倘美人必俟黑奴有敎
育謀生然後釋之吾信今日仍未艾迪博士
來港演說謂黑人今日自設之大學有多敎室數星期前
釋之前能夢想及此否耳更有引中國纏足之事爲比例者謂
至時人皆知無益不禁自絕此言甚切二世祖享父遺蔭以爲
其父一出世亦如已一般之席豐履厚惡不知創業之艱辛者
中國之放足端賴數十年前敎會在上海所發起之天足會該

會之女士四處宣傳不惜舌敝唇焦著作歌謠傳單又將纏足
影刋費報表彰其折骨爛肉之慘苦當時入會者具無限犧牲
未縛已縛足者不縛已縛足者解放雖當時風俗大腳者無人裝作
正室亦不願及倘當時無該會吾恐扶雖挨壁之女同胞仍觸
目皆是不禁自絕云乎哉又有謂禁婢不禁買女只好見事輪舉如
寶良為娼因此例只禁買婢不禁買女吾人只好見事輪舉如
婢需禁則禁之若以禁後有流弊則設法壯之或連育女一並
禁之耳又有人謂若此例一行必要壯冊否則偵探英差終日
如婢生死冊或種痘等類費些手續耳倘逾限不報姑行傳控
蓋新例頒行六個月之內蓄婢者須往華民政務司處壯冊即
又有謂十八歲准其自由此例亦何致終日英差偵探入屋搜
耳婢奴並非私烟又不能藏匿又何致終日英差偵探入屋搜
幹不正當之舉此最為危險恐而言婢女年已及笄
則應嫁者不願嫁者則由其自由覺工如平常女傭一
般試問為主人者能終身監視約束之乎明乎此則無鰓鰓過
慮也則退一步言照現時梳起婢女不過八千餘人就算有一成為
折白黨所利用亦千餘人耳犧牲少敷就可革除婢制救回將
來無限之女同胞然輕靱重不言而喻也況政府既將之壯冊
則必較前時梳起者更為妥倘以政府禁止之法確有流弊
亦惟有共籌良法呈諸政府以善其後者斷不能因咽廢食保
留婢制也更謂禁絕婢女為種下罪孽者誠不與足言體而言

百十五

之禁婢之事一定實行因此事前經英議員之質問防範廢待
婢女會與反對蓄婢會亦共同多次敘議即常日詰禁婢為種
罪惡者亦在其列呈出禁止之法又將理審番院之探納復又
經議例局員討論第一讀會通過則禁婢之事又為惡為善是否
是損已昭然苦揭故敢倡議贊成政府頒例將來會諸君皆以
慈善救人為心定必一致贊成速行此例以維持人道也余敢代表式十餘萬
掌馬應彪夫人起而言曰吾人今日十分多謝余敢代表式十餘萬
女同胞多謝多謝抑小妹尤有進者之人格余敢代表式十餘萬
方面是我叢女界所嗜好為中國向來之積習因婢女所愛蓄
役未免大偽人道故禁止蓄婢革除陋習必先自我聲女界同
胞始云云婢女能打扇搥骨搔背等賤役也（哄堂）然此等賤
言論多偏於一面之詞惟鄙人必得弢納君起言曰今日在座諸君所發
己之苦衷在如我之老妻於去年十二月返鄉忽遇海員能工
不能求返港使我恩愛夫妻見得弢納君所發
老妻竟帶有年約四五齡之婢女三四人而返吾一見即由恩
愛而變為惱怒買其於今日時代不應再買妹仔不由分說乃
將老妻大責一番及顏色少霽時老妻方向我解釋明白謂他
實不欲買此女因其父母為飢寒所迫已身難顧烏能願及
其女乃將女賣與我妻為女以救其生命吾再三觀之該女果

面白如紙蓋己餓到無一點血色炎吾當時已預料其不能養

青惟老妻以一念慈心竟受此累本年昇因病而送入廣華醫

院死炎而不賣女買婢皆有不得已之苦衷諸君幸勿只偏於一

方面而不賣苦人着想也云云繼由羅文錦律師起言謂今

日蓄君所討論者兩方面多有言過其實對於政府所立之新

例毫無研究都將新例逐一解釋十分詳明并云第一段為切題於

對之處只第三段有未盡善及諸多煩擾然此可向政府累請

修改至完善爲止云云

反對蓄婢會大會

禮拜六下午三時反對蓄婢會值理又假座青年會開同人大

會擬表同情於政府贊同行將顯發之禁止蓄婢新例是日

與會者約三百餘人楊君少泉爲主席而坐於臺上者有周懷

璋醫生林護君顏君裕君王愛棠牧師馬應彪師奶等主席楊

君宣佈開會理由畢（署旋由中文司理顏君裕）將報章讀告

於大衆顏君曰座上士女同志諸君木會自一九二二年三月

廿九號開成立大會於此由會衆舉出值理六十八後由此六

十人互選幹事值理九位即正會長黃茂林副會長楊少泉周

懷璋中文司理顏安德臣司庫林護司數黃錦

安調查部長馬應彪師奶演說部長洪濤飛現在黃茂林安德

臣洪濤飛三位因商業上起見或遊歐美或赴廣州故復舉王

愛棠牧師吳天保霍靈鑑胡阿棟四君以勸同辦事同爲幹事

值理負全會之責自是以後凡有益於禁止蓄婢之事力所辦

到無不爲之仍機賴委員會條陳辦法之議蓋自華民政務司

面托反對蓄婢善法本會舉出黃茂林周懷璋吳天保王愛棠

安德臣顏君裕洪濤飛則舉羅文錦周俊年

黃廣田黃屏嘉葉蘭泉謝家寶湯壽山亦七位合組委員會最

取得全權代任務多次叙議討論再三詢謀僉同叔就辦法最

於陽歷五月廿九由各委員親筆簽名具呈政府燃復其自由

要之點則例將妹仔之身契銷燬其自由計其內容最

後香港永無妹仔之名而立例將妹仔之身契（一）註

冊便易於稽查至廿歲時即完全自由或去或留婚嫁與否由

本人自主舊時之主人不能自謀生計者爲主

人所不願留又不能自謀生計者均入於此教之養之（三）設

臨工介紹處以舉荐一般力可謀生使其勤勞食力以爲自立

此條陳之大畧也現今政府將顯行之禁令多取材於此實不

非出乎反乎甚可怪也若前日東華醫院開闢港街坊叙議之

廣田葉蘭泉三君赴會議當時各界人士逾千人而此千餘

廣華商總會有集議推翻而保留蓄婢制也現發言加參禁婢委員會

應擬條陳上呈政府主張革除者乃前日以爲吾

共擬條陳上呈政府主張革除者乃前日東華醫院街坊叙議

人非以街坊之資格赴會討論當時各界人士逾千人而此千餘

人足以代表闔港華僑之公意遂一致通贊成政府顯行禁

婢新例可知吾人之人格猶存樂俗可改良用次懲然事有敢

百十六

於飛成者所謂為山九仞功虧一簣當此工讀會未成立之前
一髮千鈞之際稍緩即逝彼片面觀者每欲從而推翻之用是
召習全體大會佈告一切力謀實徹初衷深望會員諸君竭盡
心力撥助政府以成禁止蓄婢之善舉由是革除惡俗保障人
權諸君之榮亦全會之榮也司庫存欵有四百十一元六毫九
仙中會百數十元係前兩日席間由十數位值理隨意捐助者
會務經過之情形與乎關於此事之文字著輯成巨帙經已
發刊諒不日出版即以分送會員諸君以留紀念其印刷工料
在三四百元之間其餘或徵求會員諸君否皆視政
府於工讀會如何及能否頒行禁令以為斷此諸君之重托於
吾人與吾人之發皇期以不負諸公所望而達到禁婢目
的者如此至是由吳天保醫生婦政府行將頒行之新例逐一
用華語向衆細為宣佈畢主席楊君少泉起言曰頃問吳天保
醫生宣佈例文諸君諒必己了然於心目本會意見例文中第
十二節應要討論此節係關於妹仔十八歲以後即有自由權
不必通知主人又不用贖何種欵項但婢女之義務與責任顧
多如炎飯洗衣或倍少主人前往蓄館等事若一旦離職於主
人方面不無有碍鄙見以為應向主人預先通告兩星期故今
日提議除向政府要求第十二節修改外其餘全例盡地贊
成本審在座諸君以為合否特此統求衆意如以為合則請舉
手於是一致舉手贊成主席再問有反對者舉手則反對者無
一人遂通過散會

反對蓄婢會致各商會工會書

各商會工會諸公偉鑒，敬啟者，昨讀報章，得悉華商總
會，決將本港政府禁止蓄婢新例，徵求各商會意見，籍
以反對禁婢，此事與我港僑人格，及婢女幸福有關，敢
不得不遽情上陳，惟希採擇焉，查婢女制度，實即買
人供役制度，文明各國，早經懸為厲禁，我國自有清末
造，以迄民國初葉，亦已訂有專條，按罪科斷，固不獨
本港有此例也，夫僱人供役，亦既足矣，何必強留買人
之惡制，果其無甚禍害，自無怪商會諸公之保存，然其
為禍害之中於人羣者實深何，誘拐視如商品也，虐待如
馬牛也，而社會之人士蒙其毒乎，今政府將革除婢制，改買
人供役之制，為僱備之制，受僱者既來去自由，僱用者
亦進退如意，何其善也，論者又謂革除婢制，則貧家女
子，無售賣之機，是直置諸死地耳，抑知婢女之惡制，
雖屬剗除，而僱人之路途開，一反掌間，貧女即可加增生路，
既絕，傭人之路途開，一反掌間，貧女即可加增生路，
彼偶言買人以濟貧者，亦何嘗不可僱人乎，而必
斤斤然主張立契買之何為也，顧又謂革婢制必須改革，既
閒命矣，然其如不逬民情騷擾太甚何，不知所謂驅擾太
甚者，亦不過注冊一端而已，然試思學校注冊，其有礙

援學校否，公司注冊，其有騷擾公司否，醫生注冊，其身騷擾醫生否，人民生死否，其有騷擾人民生死否，注冊之事，不過一種行政手續，藉以稽核之，保障之，不致無所措施而已，即例文中或有一二之點，恐流騷擾，祇宜明白指出，求請修正，斷無禁婢全案，概行推翻者也，今日者華商總會，已聲言的徵意見矣，須知我商紳之言曰，此等資料，應由衆華人供給代表，未知我商會工會諸公，其果甘以保留買賣人口之資料供給我代表乎，抑將以廢除買賣人口之資料供給我代表乎，供給我代表，則他日婢制萬歲，浸假以保留買賣人口之資料，則港中婢女數千，受恩不淺矣，爲利爲害，何適何從，諸公明達，必當知所圖云，反對蓄婢會謹上，

本港工團大叙會贊成禁婢新例

昨日下午一點鐘本港工團總會與華工總會所有各社團共一百五十四家假座卅間華人基督敎靑年會開工人大叙會，表示贊同政府將頒竹禁止蓄婢之新例是日本港一百五十四個工團各派出代表出席是日議事之秩序(一)宣佈員搖鈴開會(二)由衆舉出一位臨時主席(三)主席宣佈開會理由(四)請反對蓄婢會代表宣佈經過情形(五)討論(六)提會

議(七)畢會於是時已兩點鐘久各工團始陸續到齊宣佈員徐公俠搖鈴開會旋即宣佈雖請大衆舉出一臨時座德三舉海昌工會蘇兆徵爲臨時主席祥務職工聯合會梁秉鈞和議衆贊成蘇仍謙讓一番始登主席位遂由主席對衆宣佈婢女制度之慘狀云如受催於人之工人若東家有不良好之待遇儘可辭職惟婢女則不能不特喪失其個人之自由抑且墮落其固有之人格且婢之終身有爲主人賣落娼寮者有嫁與七十歲老人爲妾者不一而足故我工友們對此婢制應當贊同革除前者東華醫院開街坊會議時已全體通過惟我工人應極端贊成以重人道主義云於是由宣佈員請反對蓄婢會代表楊君少泉將經過情形之前極詳然不外前者已逃過故不再錄惟楊君未宣佈之前極讚工人深明大義擁稱有等人反對工會者則惟工人只要求加薪減短時間餘不曉得權鄙人視於今日工團之踴躍赴會贊同政府之禁婢新例可知工人能抬高人格爲公衆謀利益云云後名工團代表互相討論皆係發揮婢女之種種苦窮形畢省又由徐慕法新例之君將譯成之新例逐條向衆解釋完妥主席後問各人贊同此禁止蓄婢新例否請舉手於是座中一齊舉手一致贊成通過主席後又舉出一班分任値理再將此例詳細經訂然後向各工會請蓋圖章畢即交上華人代表周壽臣伍漢墀二位轉呈政府察核云至四點後鐘方散會

禁婢新例草案

第一段

（一）此例名為一九二三年治理家內女僕則例

（二）凡人誤以資財交給女童以交換其父母或其管理人或其僱主以交換其父母或其管理人或其僱主以交換其父母之固有權得其主有與其主屬權得以保留管理該女童脫離其父母自此之後無論何人皆不能以資財交換得他人以上種種之權利

（三）此例中所指

（甲）妹仔內包括

（一）凡家用女僕其僱主以資財或直接或間接或在本港或不在本港給別人而得一女子以充家用女僕者

（二）凡家用女僕其僱主現在本港內外得有保留管理如上文所述之女子或在前主或於其死而以資財如前所述交換而得者

（乙）凡所規定即指本條所規定者

第二段

（四）無論何人不得僱用妹仔

（五）無論何人不得僱用女僕求足十歲者

（六）（一）凡己有妹仔之主人須供足其妹仔以合宜之衣食有病則延醫診治如其待遇之女兒一般者

（二）凡有妹仔者不得使其妹仔過勞或有不當放理面虐待懲責有與己之女兒不同者

第三段

（七）（一）本港督憲得在議例局設例規定

（甲）妹仔註冊及令日日清楚註冊籍

（乙）妹仔儲值

（丙）巡查及管理現在及以前之為妹仔者

（丁）執行本例文之政策種種

（二）所有本例文之各條於刊登憲報之後即於議例局首次開議時交議如開議時經表決其條文或應當取銷或應如何修改則該條文不當計應會有何偏見途即由刊登憲報之日取銷或修改

（八）（一）凡人於此例施行之日在本港僱有一妹仔即將該妹仔照所指之辦法於此段施行後六閱月月內註冊

（二）凡人不論何時於此例施行後僱用一妹仔即曾買受而到本港者須於到港後一星期內照所指之辦法註冊

（三）本港華民政務司例可有全權拒絕某妹仔之註冊及將其妹仔除去冊名

（九）除所規定註冊之時期與第二段之各欵無論何人不備僱用未經註冊之妹仔

（十）除現規定註冊之時期內與第二段所列各條外無論何人不能僱用未足十歲之女僕若經註冊之妹仔則不在此例

（十一）（一）自後妹仔不能由一僱主轉交別人除非僱主身故由華民政務司據其意為可者依例給諭將該妹仔轉交新主

（二）無論何人於此段施行之後或因其前主人身故或別種緣故得為妹仔之僱主者須於其為該妹仔之僱主之月起一星期內循照以上之辦法報明其事寶

（十二）凡妹仔已逾過及已十八歲者可隨時離其僱職無須先行通告及交回價值

（十三）凡妹仔在十八歲之下者欲復回其父母或當然管理人歸其管束與在十八歲下之妹仔其父母或當然管理人欲得回歸其管束者可不用交回價值得之惟若華民政務司見有於該妹仔大不利者可阻止之

（十四）凡妹仔在十二歲以下者可有權投稟華民政務司該華民政務司接收該投稟之後例可發給諭令處斷該投稟人之管理屬管及僱工與僱工情形各事

（十五）凡妹仔在十歲或十歲以上者應得備值其數當所規定

（十六）此段（即第三段）各條須於督憲出令公佈時方能切寶施行

第四段

（十七）凡人違犯或不遵本例文之各條欵或各規則者可受控告如經定罪罰欵不過二百五十元

（十八）本例文內凡有控告須得華民政務司允許方行

（十九）本例文對於一千八百九十七年保護婦女則例所授與華民政務司之權限毫無防碍

百二十

定例局二次討論取締蓄婢則例

十二月廿三日下午定例局叙會將取締蓄婢則例付二讀會
各議員發表意見歷時甚久首先討論者為普樂議員普樂君
代表英人方面發詞謂目下華人議董對於吾（普樂自稱）之
言論經已贊成即英人議董對于吾之議董之言論
亦取同一致以至提及該例爭點對於華人無官守之議員之言論
非如廢婢者所期之有益亦非如蓄婢者所言之有害但無官
守議董對于例內防止庽待婢女之條律均一致贊成且于防
止庽待一事更提議兩欵（甲）如有控告庽待婢女或逼婢女
作工過多須提收醫生証據此等庽待無論是否近於殘忍割官
定必執行懲罰（乙）如近于殘忍犯人不得蓄有婢且己禁理醫院
年以內之監禁普樂君又謂如監禁加以不苦工于審更為有濟
至於販賣婢女以營醜業尤當注意周君壽臣對於該則例亦
有發詞督憲答謂此例之要點全係禁止蓄婢且己得理醫院
命令謂此例在所必行日後各英國體體贊成及反對此例之異
點繼逃無遺並機續宣言畧謂吾（周君自稱）已遂力于此例之研
書臣議員將前數星期間華人各團體贊成及反對此例之研
詳陳各派贊成或反對此例之議論前按反對法政司秘
書來函表明其幹事員對於此例之意見菜即糖交法政司研
究又承該會秘書畧託在本局聲明其函中提議修正文以增其
勸力吾與伍漢墀君復接對華人各工會華人青年會華人耶
有機就蓋該會幹事員贊成此例而附以某種修正文以增其

蘇敎會及華人總商會等來函彙交政府收覽矣吾旣勉從
兩方面之請復逃其所懷抱之意見今常將吾與華人同僚對
於此例意見觀念之為諸君告焉華人對於此例意見紛歧則為局員
者熟知其所代表的人之意見如何公正亦不應祇發表其意
見便完大職必須參酌兩派之辯論點剖決難題而目下判斷
都意此等之難題在於妹仔是否為奴如妹仔是復則本港將
不容有此種制度之存在再延一日之久惟將有所間故政府宜特殊保護
明妹仔之意義而蓄婢之舉仍有所間故政府宜特殊保護
不容有此種制度之存在再延一日之久惟仍不足以蔽其辜或謂
此等殘忍性成之人最為痛恨難剖以百欵仍不足以蔽其辜或謂
妹仔能制度之少數人非此例所能阻止其蓄婢然其
說故宜割虐婢者以長期之苦工監禁吾與各非官議員同力
拒妹仔能註册之辦法如蓄婢者必須註册及避居之住址尤不
時携婢離港俱要報告則種種不便之婢援將永無止境吾不
承認贊助此例者之言論謂觀於居民生死學校公司醫生等
註册之施行順利則蓄婢註册當不至有不合理例所定僱
用傭工仔者無論其處於何等地位亦須認人票一紙一若
其為釋放之婢人隨時向警局投報蓄婢註册之例如實行有
勸則申查察員親往居民住宅之必要而此實足以欺各種辦
端之途徑如行賄及匪徒假冒偵探入屋等等且干涉及於住
宅之秘密尤為自由人類之所嫌惡況妹仔註册不能免養膽

133

香港蓄婢問題

百廿二

待僻之店伴莊冊不能禁止盜竊與虧空此例一行蓄婢者需顧將所有之妹仔交與政府或政府所設之堂院以免受莊冊則例之束縛則港中約有妹仔一萬名政府須給以住宅而爲之謀職業之所故華商總會函中有言不幸中國與本港蜑堂其少而目下蓄婢之家即爲妹仔之蜑堂否則多數妹仔非爲其父母所溺死亦將相率俄斃於香港與羊城有密切關係此例雖在港實行而羊城不同時施禁亦不能絕蓄婢之風鄙意欲改良此由來已久之社會慣習非猝然屬行之變革所能收效蓄婢之制根於生活經濟之情形而發生已歷數千年宜以敎育與論之方法從漸而改革之但欲免妹仔之體虐待以渡時期若定僱蓄婢者爲違法監禁實行但欲免妹仔之體虐待以則宜處治最殘忍蓄婢主以長期之苦工監禁最可惜者贊助保存吾與華人迄無甚聲息此言吾欲贊成與反對兩派密矣吾人同業之意即非官守議員之意見以本港當此過之觀念但吾恐其熱誠禁婢而未眼平心靜氣以研禁此問題應將其意達諸理濟院大臣亦贊成此例之人雖本於高尙欲改其意達諸理濟院大臣亦贊成此例之人雖本於高尙所發表之言論亦非有所畏懼或有所左祖吾輩蓄婢問題而非官議員在委員會勸議之修正文云後又由督憲登詞蔣惜一旦揣而除之吾與華人同事業己審慎考慮蓄婢養妹仔制度必須取締且代表英政府及英人之理濟院亦已頒下取締命令故無降順之可言但于例內有何種更改大可

執行惟不能離取締蓄養妹仔大意故自今以後英屬屬域必無蓄養妹仔之理至若普樂君所提之修改其中多數大可採用雖不能完全贊成然亦感激普樂君費如許心思以爲妹仔謀幸福遂將該例再次宣讀後又由普樂君提議修改例內第二節謂女童之父或管理人或女主之僱主不能于出銀交手後祖該女童爲一己私有而任意拘束如此如遇輔行對于該例效力較爲妥當普樂君又謂例內第四第五兩節極欲提議移往例內第三章吾(普樂自稱)思度許久非官議員接公署可免但此議無論當否請將此例新例加在第六條之下如遇乎殘忍則不得罰歟論近于殘忍吾亦無異言遂贊成該妹仔之傷害則無罪例官可定以一年以內之監禁法政司亦無異言遂第二節爲支段若作工須取醫生証據以證出該妹仔之一八六五年之犯害人律例第三章第八節謂一八九七年之婦女律例及議普樂君又提議倒例內第八節謂一八九七年之婦女律例及政司謂此議雖無反對惟又定第七條加入該例第三章後又將妹仔之定諸妹仔歸圖可隨時離職云「此議案至二月十五號再議」

蓄婢則例三讀會情形

十五號下午定例局敍會將規定處理德人及各會社前在港

中所經營之某種敎會事業與管理其物產及辦事人員之則
例付二讀會通過又將修正一八八四年醫生註冊則例及一
九二一年維持秩序則例付三讀會俱通過復由股員會討論
取締蓄婢則例於文字上畧有修正法政司動議付三讀會通
過荷理玉帕亞史蒂芬及史督相繼演說畧謂中國人士及報
界對於華人蓄婢之評論類多有不明眞相之過甚以致有玷
本港之令名等語隨將該例通過三讀會展期本月廿二號叙
會

家庭女役則例 （或稱取締蓄婢新例）

家庭女役（即蓄婢）則列之草訂議案曾刊前編茲經定例局
第三讀會修正通過再爲釋錄如下
規定家庭女役之某種形式則例 督憲得定例局之指遵及
允許訂立則例如下
第一節（一）此則例可名爲一九二三年家庭女役則例（二）
有等人誤以爲給銀與女童之父母或管理人或主人作爲將
某項父母權利移轉之酬報可將物產之某種權利加于女童
對於女童之父母自己留有保管統轄該女
童之權利故茲特聲明願如此所給之欵毋論如何不能將
何種權利給與交欵之人或何人（三）本則例妹仔名義之
解釋妹仔包括（甲）凡家庭女僕其主人目下曾直接或問
接在港內或港外爲家庭僕役者
（乙）凡家庭女僕其主人藉以取得該女子爲家庭僕役其
主人目下曾在港內或港外由從前給欵

之主人或因前主人去世得有保管統轄該女僕者（丙）指
定之意卽按本則例規定所開列第二節（四）此後無人得取
妹仔爲伊之用（五）（甲）妹仔主人不得令取十歲以下之
伊之用（六）（甲）妹仔主人不得令過十歲以下之操勞或虐待或
將妹仔懲責與合理懲責其女不同（乙）凡妹仔主人須給
妹仔以合宜整衣足食如過有病爲之延醫診治希望主人與
自待其女相同（七）（甲）凡控告訴妹仔受過勞或虐待妹仔須在訊案
之裁判官前取妹仔受傷之醫生証供而裁判官須查明以爲
如此虐待是否覺同殘忍（乙）如裁判官查得虐待妹仔儕係
不准犯罪闊者關欵抵罪裁判官須定其監禁不過一年（八）
一八六五年干犯人身則例及一八九七年保護婦女則例所
載照前施于妹仔（九）（甲）此後妹仔不得由一主人轉歸別
主人如逝主人去世或別故而轉爲妹仔轉歸新主憲中以
仔主人現在之主人者須照指定情
形於一星期內將實情呈報（十）凡妹仔欲交還其父母或本
來管理人保管及十八歲以下之妹仔其父母或本來管理人
欲將該妹仔交還其保管毋論如何母庸給欵除是本華民政務
司爲妹仔利益計見得有極大反對則否（十一）凡妹仔照從
前辦法有事可有權向華民政務司稟訴而華民政務司對於
稟訴人保管仔用與任用情形與本例訂
頒發命令第三節（十二）一督憲在例局爲下列事故合例訂

立規條（甲）妹仔註册保全至最近日期（乙）妹仔酬費（丙）
巡查管轄現在及從前之妹仔（丁）大致爲施行本則例之政
策（二）所有按本則例訂立之規條于憲報頒佈之後須于定
例局初次敘會時呈列案上如呈案後通過決議決定該規條
須行取銷或如何修正須作爲取銷或修正由憲報頒佈通過
決議之日起與所辦之事無碍（十三）（甲）此一節頒行之日
凡在港內有妹仔歸其任用者須照指定情形于此節頒行後
六閱月內將該妹仔註册（乙）毋論何時凡在港內有妹仔歸
其任用此節須照指定後帶來本港者須照指定分別割決
後兩星期內將該妹仔註册（丙）華民政務司合例分別割決
不准某妹仔註册或將其除册（十四）照所准註册期間及第
九段所載無人得用未註册之妹仔（十五）照所准註册期間
及第九段所載無人得用十歲以下之家庭女役除是註册之
妹仔方可（十六）十歲或十歲以上之妹仔其服役應得工值
照指定之數（十七）此一節非候督憲在例局開截凡違犯或不
頒行第四節（十八）遵照第七段第二段開截凡違犯或不
依本則例所載或按例訂立之規條者訊實有罪可罰欵不過
二百五十元（十九）凡按本則例控告之案非得華民政務司
允許不得開始進行　　　　　　一九二三年二月十五日通過香港
定例局

跋

編者

香港蓄婢問題，自較彰明之發現以迄今茲，歷一年有半，始告一段落，（禁婢條例現通過于議例局三讀會）即謂從此香港婢制存廢，無復爭辯之餘地可也。于此，吾人不得不慶反對蓄婢公益之成功，一方更足爲人類公理賀。

雖然此次反對婢制之運動，多數居民之意也；婢制爲國人歷史上之汚點，僑此土者，乃能仗義執言，肆力運動而涮除之，實足爲人道前途之希望不置矣。表彰厥德于歐美人士己哉 充斯舉也，苟于吾國政治社會諸傭度，皆能作一例觀，則新中國改革前途之希望不還矣。

吾人須知此次新例之得安然通過，固賴一部份議員之持正不阿；抑非反對婢制者之始終堅持不懈，毅力表現公意，則此條例或尙在保留狀態之中，未可料也。以吾人所知，此新例初經第一讀會，見諸宣佈後，除反對蓄婢會外，其陸續請願議局通過者，有一百五十八工團，（俱蓋章于一請願書內）人數逾十萬，基督教會聯會人數五千餘，男女靑年會人數亦在三千以上 雖然，此十數萬人，未必遂謂足完全代表全部居民意見；然而對

香 港 蓄 婢 問 題

于一事，能得全體居民數四份之一明白表示其意，亦可謂難能可貴者矣。是則此次婢制問題之解決，請爲東方紗見之民意運動之功成，亦無不可。

吾人獨惜一般對此新例持反對論者，至此尙未能棄其成見，對于參與請願團體之民意，疑爲虛造，或加以種種之臆測，殊爲可怪耳！吾以爲此等調言，誠不能免出諸志在保留蓄婢制者之口；然彼等事前無能下充足理由之辯論，轉於事後發爲無聊之言，抑亦徒見持反對論者之用心已耳。

至前月在東華醫院討論本港禁婢條例之街坊聚會，編者早經一度批許於某報，想亦爲讀者見許。不圖事逾洪旬，尙有投函於華商總會，稱是次會議，爲「喧賓奪主」者。「見華商總會一月份之會議紀載」惡是何言！夫東華醫院之街坊聚會，闔港居民之大聚會也：此有常識者類能辨之，其理由賓尙待辯？然則此等之市民大會，凡屬居留本境者，曾可參與；就當爲賓？又就爲主？此賓主之說，至不通者也；更何「喧」與「奪」之足云。

陳投函兩者之意，以爲：大會召集于東華醫院，東華醫院，則爲主人，其他赴會者，遊爲來賓：來賓祇與于旁聽之列，無表決可否之權，不然則是謂「喧賓奪主」，

然耶否耶？抑更別具理由耶？然爲是言者，抑亦不思之
甚矣，夫街坊衆會，即市民大會，開會于公共地方可，
即開會于租借之地；（如戲院等）私有之地亦無不可，貴
其能循名覈實以召集耳，何關于聚會地點，更何主客之
可分。投函者之意，得毋又謂此聚會，固由東華醫院召
集，故富以東華醫院爲主人乎，殊不知當日開會之始，
經有某君起問，今日之會，以醫院爲主體，抑以街坊爲
主體，而當事人即答以「街坊爲主體」一言。此言明明載
于會議紀錄中，可搜按而知。是則以街坊資格赴會者，
固盡屬主人，又焉以賓名加之也？
凡反對者藉口種種之用心，蓋挾其偏私之見，以爲推翻
此次市民大會表決贊成蓄婢新例之成案也。抑知十目所
視。十手所指，當日與會者千餘人，舉手者占百分之九
十九；紀錄具在，衆所共知，又奚能以個人偏私之言，
倏手以掩天下人耳目哉，反對者，贊成禁婢，久
已一致表現真正民意；今舉此等民意運動。幸告成功。
正一般扶持正誼者。所共賴手譽香以勝者也。不佞等忝
承衆懇，拉雜編成此册，編竟，遂不能已于一言。
中華民國十二年三月十日

香港·澳門雙城成長經典

社會大問題

諸君你贊成振興國貨否？

諸君你贊成改良中國餅食否？

諸君你贊成食品衛生否？

諸君你贊成兒童康健否？

諸君這個答案是！

安樂園的「糖菓」和「餅乾」因他是完全的國貨比較舶來品還好得多

先施有限公司

●物貴優美●
●尤尚趨時●

本公司新到大幫毡帽草帽欵式趨時色
澤不一其貨之優美取價之從廉實為港
中獨樹一幟　諸君光顧仰祈垂青是荷

△睡鄉用品▽

昔人詠床詩云。人生一半此中居。乃
言人生一世。半世向床中過生活也。
豈可不求安樂耶。當此初冬天氣。將
屆嚴寒。床幃之間。須求溫煖。本公
司現辦大幫各式毛毡。棉毡。駱駝毡
。鶴絨被。珠被。軟褥等。無不畢具
。價亦相宜。欲享睡鄉中幸福者。請
注意焉。

心一堂香港澳門雙城成長系列書目

書名：香港蓄婢問題（一九二三）
系列：心一堂　香港・澳門雙城成長系列
原著：反對蓄婢會編
主編・責任編輯：陳劍聰

出版：心一堂有限公司
通訊地址：香港九龍旺角彌敦道六一〇號荷李活商業中心十八樓〇五一〇六室
深港讀者服務中心：中國深圳市羅湖區立新路六號羅湖商業大廈負一層〇〇八室
電話號碼：(852) 9027-7110
網址：publish.sunyata.cc
淘宝店地址：https://sunyata.taobao.com
微店地址：　　https://weidian.com/s/1212826297
臉書：　　　　https://www.facebook.com/sunyatabook
讀者論壇：　　http://bbs.sunyata.cc

香港發行：香港聯合書刊物流有限公司
地址：香港新界荃灣德士古道220～248號荃灣工業中心16樓
電話號碼：(852) 2150-2100
傳真號碼：(852) 2407-3062
電郵：info@suplogistics.com.hk
網址：http://www.suplogistics.com.hk

台灣發行：秀威資訊科技股份有限公司
地址：台灣台北市內湖區瑞光路七十六巷六十五號一樓
電話號碼：+886-2-2796-3638
傳真號碼：+886-2-2796-1377
網絡書店：www.bodbooks.com.tw
心一堂台灣秀威書店讀者服務中心：
地址：台灣台北市中山區松江路二〇九號1樓
電話號碼：+886-2-2518-0207
傳真號碼：+886-2-2518-0778
網址：http://www.govbooks.com.tw

中國大陸發行　零售：深圳心一堂文化傳播有限公司
深圳地址：深圳市羅湖區立新路六號羅湖商業大廈負一層008室
電話號碼：(86) 0755-82224934

版次：二零二一年三月初版，平裝

定價：　港幣　　　一百二十八元正
　　　　新台幣　　　五百八十元正

國際書號 ISBN 978-988-8583-75-1

心一堂微店二維碼　　心一堂淘寶店二維碼